华为创新三十年
解密华为成功基因丛书

华为
之 国际化战略

王京生　陶一桃／主编

杨　柳／执行主编

王伟立／著

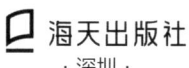 海天出版社
·深圳·

图书在版编目（CIP）数据

华为之国际化战略 / 王伟立著. — 深圳 : 海天出
版社, 2018.12
（华为创新三十年 : 解密华为成功基因丛书 / 王京
生, 陶一桃主编）
ISBN 978-7-5507-2520-1

Ⅰ.①华… Ⅱ.①王… Ⅲ.①通信企业—国际化—企
业发展战略—研究—深圳 Ⅳ.①F632.765.3

中国版本图书馆CIP数据核字(2018)第244940号

华为之国际化战略
HUAWEI ZHI GUOJIHUA ZHANLUE

出 品 人　聂雄前
责任编辑　陈　军　张绪华
责任技编　陈洁霞
封面设计　元明·设计

出版发行　海天出版社
地　　址　深圳市彩田南路海天大厦（518033）
网　　址　www.htph.com.cn
订购电话　0755-83460239（邮购）0755-83460202（批发）
设计制作　蒙丹广告0755-82027867
印　　刷　深圳市希望印务有限公司
开　　本　787mm×1092mm　1/16
印　　张　16.25
字　　数　175千
版　　次　2018年12月第1版
印　　次　2018年12月第1次
定　　价　58.00元

华为是一种文化

历史的长河浩瀚、深远而又奇异，任何人都无法通晓所有的历史，我们能做到的只是抓住历史上那些标志性的事件、人物，给出一个解释和说法，这便是对历史的研究了。比如，当我们说到中国的改革开放的时候，必然会提到邓小平，必然会提到联产承包责任制，尤其必然会提到深圳。而在提到深圳时，必然会提到华为，因为华为是一种文化。

其实观察任何事物，无论是企业还是世界，文化都是最基础、最深厚、最重要的。由于眼光和研究方向的不同，也有人更注意企业的产品市场占有率、人才和管理。但在我们看来，这一切不过是企业的外在表现而已。如果我们从文化视角去观察华为，也许更能看清楚，这朵根植于深圳而又影响世界的奇葩，是如何展现了这个民营企业的雄心壮志以及为此而付出的艰苦卓绝的努力。同时，我们还会看到它的"掌门人"及团队的格局、眼光和不同于一般企业家的智慧。

如果从头说起，华为的诞生充满了悲壮的色彩。1987年，任正非从部队退役后，用21000元人民币创办了一家规模很小的民营企业。当时，日本的NEC（日本电气股份有限公司）和富士通、美国的朗讯、加拿大的北电、瑞典的爱立信、德国的西门子、比利时的BTM(贝尔电话公司)和法国的阿尔卡特等洋品牌正在中国市场上耀武扬威。作为一个名不见经传的民族交换机品牌，华为置身于"八国联军"的包围中，要活下去尚且很艰难，又何谈三分天下占其一呢？

它的"掌门人"任正非偏偏不信邪，还放出豪言："十年后，世界通信行业三分天下，华为将占'一分'。"这是何等的自信与格局！正如西方经济学家约瑟夫·熊彼特在《经济发展理论》一书中所说："典型的企业家比起其他类型的人，是更加以自我为中心的，因为相比其他类型的人，他不那么依靠传统和社会关系，他的独特任务——从理论上讲以及从历史上讲——恰恰在于打破旧传统，创造新传统。"熊彼特认为，企业家精神一是存有建立自己的王国的梦想；二是存在征服的意志、战斗的冲动；三是存在创造的欢乐，为改革而改革，以冒险为乐事。这些论述冥冥之中讲的就是任正非。可以说，企业家精神就是企业的灵魂，与工匠精神、创新精神一起，构成企业文化的三大精神支柱。当然，光有精神是不够的，华为能够一路跋山涉水走到今天，也离不开它所建立起的包括人才、技术、财务、市场在内的一整套完善的制度管理体系。

和很多中国创业企业最后变成家族企业，结果一代企业家的老去让企业走向衰亡不一样，创造了华为奇迹的任正非并没有唯我独尊。今天的华为，在全球拥有18万多名员工。通过持股计划，任正非让员工持有华为股份，自己仅持1.4%的股份，其余90%多的股份都属于华为员工。谁说民营企业家胸怀有限？华为通过全员持股，让大家结成利益攸关的命运共同体，走的是共建、共治、共享之路，这是任正非的一个独创。其实，它的根本在于"得人心者得天下"。《孙子兵法》载"知之者胜，不知者不胜"的五个方面："一曰道，二曰天，三曰地，四曰将，五曰法。"又载"上下同欲者胜"。华为正是如此，有行于天下的大道，有一批精兵猛将，有凝心聚力的法度，得天时、地利、人和，上下同欲，何能不胜？

华为的成功是来之不易的。30年间，华为由弱到强的过程中充满了汗水、血泪、挣扎和拼搏，不仅有管理过程中的"市场部辞职风波""华为的冬天"等忧思，还有在海外拓展中面临专利诉讼等各种艰辛，在选择业务方向时也有人对华为进入智能手机市场表示质疑。不论当时的路多么艰险曲折，华为人始终坚持"以客户为中心""以奋斗者为本""长期坚持艰苦奋斗"的经营哲学和成长逻辑，一路走来，越走越自信，越走道路越开阔。经过30年的发展，逐渐形成的"华为精神"实际包含了任正非所倡导的以人为本、艰苦奋斗和自我批判等重要思想。

看似简单的道理，实践起来相当不易。当企业管理遇到瓶颈的时候，华为与世界一流管理咨询公司合作，在集成产品开发(IPD)、集成供应链(ISC)、人力资源管理、财务管理和质量控制等方面进行深刻变革。任正非提出著名的"先僵化，后优化，再固化"的管理改革理论。这一管理变革经过20多年的实践，取得了巨大成功。华为从民营小企业一跃登上全球最大的通信设备供应商的宝座，不仅因为它在技术上从模仿到跟进又到领先，更因为华为一直在不断探索管理模式的创新，建立了与国际接轨的管理模式。

我们可以看到很多这样的例子：不少非常优秀的企业曾处于巅峰，不料短短数年后，却出现断崖式崩溃。华为毫无疑问也经历过多次这样的危险时刻，它为什么可以不断从危险境地中走出来呢？任正非带领企业一步一步地由弱到强，带领华为进入"无人区"，走向更大的胜利，这是因为他深谙发展和灭亡的无限循环之道，并且不断地追问自己："华为的红旗到底能打多久？"企业，不是在危机中成熟，就是在危机中死亡。因此，任正非充满了危机意识，而他思考的结论是："世界上只有那些善于自我批判的公司才能存活下来。"他曾如此写道："20多年的奋斗实践，使我们领悟了自我批判对一个公司的发展有多么的重要。如果我们没有坚持这条原则，华为绝不会有今天……只有长期坚持自我批判的人，才有广阔的胸怀；只有长期坚持自我批判的公司，才有光明的未来。自我批判让我们走到了今天，我们还能向前走多远，取决于我们还能继续坚持自我批判多久。"

企业越强大，危机意识越强。这种强大的危机意识构成了华为企业文化的DNA。正因为如此，任正非在公司2018年第四季度工作会议上又一次敲响警钟："现在外界过分夸大了华为公司，也有可能是灾难，因为他们不知道我们今天承受的高度痛苦，我们实际到底行不行呢？……如果只是表面的繁荣带来我们内心的自豪，就会导致惰怠，我们绝对不允许惰怠……"面对纷繁复杂的现实，华为高层的头脑是清醒的。他们明白，这种忧患意识，不应只存在于任正非一个人的头脑中，而要成为整个团队的自觉意识。

所谓"物壮则老"，唯有深根固柢，才能枝繁叶茂。企业要保持蓬勃向上的活力，必须形成 种可持续发展的文化。我们看到，改革开放以来，很多企业在不同阶段各领风骚，短短40年已大浪淘沙了好几回，有的折戟沉沙，有的销声匿迹，有的步履维艰，有的跌宕起伏……华为能否跳出这个"魔咒"，取决于其下一步的努力。

有一段时间，有媒体炒作华为总部要迁至东莞。为此，任正非专门找到深圳市委主要领导，要求同深圳市政府签订华为总部30年不外迁的协议。市委主要领导大气地对他说，协议就不用签了，因为签了协议，如果心不在这里，迟早会走；不签协议，只要我们的服务和环境好，你们也不会走。在任正非的一再坚持下，最后双方还是签了协议。

这个细节，让我们看见了深圳的包容、大气和华为的笃定、忠诚。深圳的崛起和华为的成长是同步的，两者有着共同的基因和血脉。华为是深圳发展的缩影，它体现了深圳人敢闯敢试、杀出一条血路的英勇坚毅。它的成长也和这座城市一样，充满悲壮、欢乐、成功和欲望的交响。因为有了这些深圳人，才有了华为；因为有了以华为为代表的企业和卓越的市民，才有了深圳的辉煌和对未来的信心。

当前城市之间的竞争，已经从"拼经济""拼管理"进入"拼文化"的阶段，企业亦是如此。文化是驱动创新的根本力量，文化的土壤越丰沃，创新的大树越苗壮。美国学者丹尼尔·贝尔（Daniel Bell）在《资本主义文化矛盾》一书中指出："文化已成为我们的文明中最具活力的成分，其能量超过了技术本身……上述文化冲动力已经获得合法地位。社会承认了想象的作用，而不再像过去那样把文化看作制定规范、肯定其道德与哲学传统并以此来衡量、（通常是）非难新生事物的力量……我们如今的文化担负起前所未有的使命——它变成了一种合法合理的、对新事物永无休止的探索活动。"这最后一句话，是我们今天理解文化重要性的最深刻的一种表达。

诚然，只有根深，才能叶茂。这是世界的一个通行法则。人是文化的基本载体，最好的可持续发展是人的可持续发展。我们看到，今天的华为尤其注重基础教育、基础研究，秉持"用最优秀的人去培养更优秀的人"的理念，呼吁并致力大规模培育各类人才，为创新型国家建设和产业振兴发展点亮更多的火种。

翻开这套丛书，随处可以看到任正非原汁原味的讲话，这些话语闪耀着人文的光辉。我们可以看到，任正非身上富有远见、胆识过人、信念坚定和从容大度的领导特质。华为发展过程中的经典故事被娓娓道来，富有启迪意义，对于广大善于学习和积累的读者朋友来说，可以从中获得丰富的生活经验，吸取宝贵的人生智慧。

这套丛书不仅讲述了华为的成功是如何取得的，而且描述了华为充满辩证法和创新理念的企业文化，分析了华为人力资源管理的成功秘诀，介绍了华为国际化的战略选择及实现路径，因此这套丛书对于创业者和产业界人士来说是巨大的宝藏，可以从中受益。

当前，我国经济已由高速增长阶段转向高质量发展阶段，正处在转变发展方式、优化经济结构、转换增长动力的攻关期，建设现代化经济体系成为跨越关口的迫切要求和我国发展的战略目标。党的十九大报告指出，要深化供给侧结构性改革，激发和保护企业家精神，鼓励更多社会主体投身创新创业。眼下创新创业大潮在九州土地上风起云涌，无数有志之士正在商海搏击，他们同样怀着雄心壮志，试图用创新创业改变世界；他们也同样面临激烈的市场竞争、资产薄弱、人才匮乏等问题。华为由弱到强的发展历程势必将带给他们一些启迪，让这些弄潮儿了解创业者的使命以及企业成功与企业家内在修为之间的联系，并且培养如何获得自我反省的能力，由此激发出巨大能量，进而不屈不挠地奋斗。

华为是一种文化。中华民族最终自强于世界，最基础、最深沉的恐怕还是文化。而这种文化与中国古代文明既一脉相承，又推陈出新。它必须是一种创新型、智慧型、包容型、力量型的文化。所谓"创新型文化"，包括观念创新、制度创新、技术创新，等等。所谓"智慧型文化"，强调张扬人的理性，包括工具理性和价值理性。所谓"包容型文化"，强调开放、宽容、多样性和对话，具有海纳百川的气度和厚德载物的襟怀，是文化创造力的根本所在。所谓"力量型文化"，就是对真理"朝闻道，夕死可矣"；对事业"苟利国家生死以，岂因祸福避趋之"；对强敌"流血五步，血溅七尺""拼将十万头颅血，须把乾坤力挽回"。它与中国先秦文化中宝贵的"士"的精神一脉相承，是我们民族血性的灵魂。

"四型文化"作为一种崭新的文化，既是中华民族自立于世界之林的根基，又是大到一国，小到一人，包括城市和企业生生不息、自我完善的力量之源。而今天我们看到，这种文化正在华为生成和发展。创新型、智慧型、包容型自不待说，华为的力量型文化更是堪为民族企业的典范。华为若能持续不断地发展这种文化，必会走向更为强盛的未来。若这种文化式微，则再强大的企业或个人，亦将归于沉寂或失败。

华为30年磨一剑，只对准通信这个"城墙口"冲锋。这种执意与纯粹，不禁令人想起唐代诗人张籍。张籍为韩愈弟子，历任水部员外郎、国子司业等职，擅作乐府诗，世称"张水部"或"张司业"。今人耳熟能详的"还君明珠双泪垂，恨不相逢未嫁时"便出自其手。冯贽的《云仙散录》记载，张籍执迷于杜甫诗，常将杜诗烧灰拌蜜而食。有友来访，见其如此，不解，问其故。张答，吃了杜诗即可改换肝肠，写出与他一样的好诗。宋代王安石读张籍诗集时曾拍案叫绝，赋诗赞之："苏州司业诗名老，乐府皆言妙入神。看似寻常最奇崛，成如容易却艰辛。"这首《题张司业诗》虽谈诗歌创作，但同样可以用在任正非和华为身上。他们的成功看似寻常，实则奇崛，背后不知凝结了多少艰辛的汗水和血泪，写下的是一部更为辉煌的史诗。

任正非是一位很可贵的商业思想家，我们的时代需要更多像他这样负责任有担当的风云人物，需要更多像华为这样具有创新活力和国际视野的高科技企业。本套丛书给我们提供了学习任正非思想和华为经验的宝贵窗口，希望这套书的出版能让更多读者获益，帮助他们实现自己的梦想。

王京生

2018年11月

鱼为奔波始成龙

时逢中国改革开放40周年之际，在中国改革开放进程中拥有代表性地位的杰出民营企业和它的创始者，再一次在历史上留下厚重的印记，这无疑是一件具有社会价值与划时代意义的事情。这不仅仅是对一家企业成长历史和发展奇迹的描述，也是对一座城市神奇般崛起与灿烂辉煌的历程的记载，更是对一个伟大的变革时代的激情礼赞。

我们生活在一个需要企业家而又产生着企业家的时代；也生活在一个需要企业家精神而又产生着企业家精神的时代。可以说，在中国现代史上，没有哪一座城市能像深圳那样，为国家培育出那么多奋斗在改革开放最前沿的真正的第一代企业家。同样可以无愧地说，深圳是中国现代企业家的摇篮。正是与这座年轻的城市一同成长起来的企业家和企业家精神，才使得昔日的小渔村创造出了令世人瞩目的中国奇迹，华为就是其中极富代表性的一个。所以我认为，对华为的记载不仅有故事的讲述，还有故事所蕴含的对我们所生活的时代能够产生震撼的那种力量，能留给一个奋斗中的民族世代承继的那些情怀与精神。这就是能够创造(物质)财富的(精神)财富之企业家精神，能在不断创新中改变世界的来自企业家自身的无穷的魅力与力量。

对于改革开放的中国而言，是伟大的时代造就了企业家，而伟大的企业家又推动了时代的发展。彼得·德鲁克认为：企业家精神中最主要的是创新，创新是企业家精神的灵魂。同样，熊彼特关于企业家是从事"创造性破坏"(Creative Destruction)的创新者观点，凸显了企业家精神的实质和特征。但创新绝不是"天才的闪烁"，而是企业家艰苦工作的结果。创新精神的实质是"做不同的事，而不是将已经做过的事做得更好一些"。所以，这需要社会给予一视同仁的机会与包容宽松的制度-文化空间。而来自所有制的歧视，是最深重的歧视。这种歧视，会从根本上扼杀企业家的创新精神。因为，任何人面对无法改变的制度风险，都不会去创新。深圳正是为如华为这样的民营企业提供了生长壮大的制度-文化土壤，从而使占所有制结构90%以上的民营企业成为深圳经济发展的肥沃土壤与内在原动力。

完善市场经济体制，尊重市场规律为企业家和企业家精神创造了赖以生存的制度环境。因为，只有成熟的市场经济才能培养出真正的企业家，才能培育出真正的企业家精神。市场经济是原因，而不是结果。企业家既不是由行政机关提拔起来的，也不是如劳模一样被评选出来的，而是在市场中"锻造"出来的。

冒险可谓企业家的天性。其实，如果没有冒险精神，就不可能有任正非当初自称"纯属无奈"的下海；没有冒险精神，同样不可能有华为的所谓"狼性文化"和"虎口夺食"的一个个惊心动魄的故事。法国经济学家理查德·坎迪隆（Richard Cantillion）和美国经济学家弗兰克·H·奈特 (Frank Hyneman Rnight)曾将企业家精神与风险（Risk）或不确定 (Uncertainty)联系在一起。他们甚至认为，没有甘冒风险和承担风险的魄力，就不可能成为企业家。企业创新是有风险的，这种风险只能对冲不能交易。也就是说，这样做，要么成功，要么失败，没有第三条道路。

当然，在成熟的市场经济秩序下，企业家的冒险是与市场赌博，而不是与权力较量。市场越自由竞争，企业家越敢于冒险。因为，相对于权力干预，市场是可预期的。与权力较量，在大多数情况下只有一个结果，那就是输；与市场赌博则会有输有赢，其结果取决于个人智慧和判断，既便输也愿赌服输。同时，权力的参与还会引发寻租行为的发生，影响健康的市场经济文化的培育。没有过多权力干预的市场，才是真正健康的市场，而真正健康的市场，才能培育出真正的企业家和企业家精神。

中国40年改革开放的成功实践证明，法制健全的社会和敬畏法律的精神，是企业和企业家精神的生命力保障。合作是企业家精神的精华。尽管伟大的企业家看上去似乎是"一个人的表演"（One Man Show），但成功企业家的身后一定会站着"惠己悦人"的合作伙伴。正如经济学家阿尔伯特·赫希曼（Albert Otto Hirschman）所言：

企业家在重大决策中实行集体行为而非个人行为。企业家既不可能也没有必要成为一个超人(Super-man)，但企业家应努力成为蜘蛛人(Spider-man)，要有非常强的"结网"的能力和意识。

法律是一种制度安排，它以告之后果的方式限制人与人交往时可能出现的投机主义行为和损害他人利益的行为，从而降低社会的交易成本和机会成本。所以，从这个意义上说，法制健全的社会才是低成本运作的社会。每一个成功的企业家，一定首先是法律的"奴隶"，然后才是一个拥有选择权利的自由的人。

依法治国的关键不仅仅在于政府依法管理社会，更在于政府本身受法律约束。只有一视同仁，社会才会有公平，企业家精神才能真正富有生命力。

正因为如此，政府放权，给企业家选择的自由，已成为一种不可或缺的制度-文化环境支撑。它可以使企业家精神真正成为一种文化，真正成为改造社会的物质力量。在政府与市场的关系上，还应该是罗马归罗马，恺撒归恺撒。给企业和企业家在市场规则中自由"跳舞"的空间，就是给社会创造奇迹的机会。当然，一个富有改变精神的政府，又是实现这一切的根本保障。

德国著名政治经济学家和社会学家马克斯·韦伯(Max Weber)在《新教伦理与资本主义精神》中说：货币只是成功的标志之一，对事业的忠诚和责任，才是企业家的"顶峰体验"和不竭动力。诺贝尔经济学奖得主米尔顿·弗里德曼(Milton Friedman)更是明确指出："企业家只有一个责任，就是在符合游戏规则下，运用生产资源从事产生利润的活动。亦即须从事公开和自由的竞争，不能有欺瞒和诈欺。"

强大的国家与发达的市场是我们期望的，但它的前提是政府具有远见卓识。以华为为代表的一大批民营企业的成功与辉煌证实了这一点，中国改革开放的成功和中国奇迹的创造更加证明了这一点。华为不仅让我们看到改革开放的成就，更看到了中国制造的力量，可谓"红了樱桃，绿了芭蕉"。

我们的社会不会因为没有奇迹而枯萎，但会因为丧失创造奇迹的精神而失去生命。

陶一桃

2018年11月7日于南洋理工大学

前言

向华为学习什么

企业的命运都会随着时代潮流的变化而跌宕起伏，但华为似乎可以算是一个例外。在每一个浪尖谷底，它总是坦然走着自己的路，并最终开辟出一条通往世界的全球化之路。

华为作为中国最成功的民营企业之一，其营业额已经步入世界 500 强的门槛，成为真正意义上的世界级企业。华为2017年实现全球销售收入6036亿元人民币（同比增长15.7%），净利润475亿元人民币（同比增长28.1%），稳居全球第一大电信设备商之位，成为最受瞩目的行业领导者。

"10 年之后，世界通信行业三分天下，华为将占'一分'。"华为创始人任正非当年的豪言犹在耳边。如今，华为这一梦想已然实现。任正非凭借着自己出色的经营思想和卓越的管理才能创建了华为，带领华为不断地发展壮大，从中国走向世界，使华为在世界上产生了巨大的影响并最终改写了全球电信业的"生存规则"。

《时代周刊》多年前曾如此评价任正非："年过六旬的任正非显示出惊人的企业家才能。他在1987 年创办了华为公司，这家公司已重复当年思科、爱立信卓著的全球化大公司的历程，如今这些电信巨头已把华为视为'最危险'的竞争对手。"

改革开放之初，深圳对改革开放的贡献不仅仅是"破"，更重要的是"立"。华为是深圳建立现代企业制度的先锋，是中国企业开展国际化战略和走向跨国公司之路的先行者，是最早迈入知识密集型发展道路的中国公司。华为是中国企业实现国际化的一面旗帜，它所走过的路正在被众多中国企业追随。华为的价值，在于它探索出了一条在中国发展与管理高科技企业的道路，包括如何建设企业的治理结构、价值观体系、研发管理体系、人力资源管理体系、财务管控体系等；华为的价值，在于它成功地探索出在中国管理与运营国际化大企业的方法，探索出具有中国特色，又与国际接轨的经营模式和内在机制，创造性地解决了国际先进企业管理模式如何在中国落地的难题，实现国外先进管理体系的中国化；华为的价值，还在于它对技术创新长期重视，持续巨资投入，在全球化拓展中坚持"开放但不结盟"的原则，形成了强大的技术实力和独特的商业运营模式，成为一家享誉全球的创新标杆企业。

华为就在我们身边，鲜活而真实。对于这个触手可及的商业案例，我们如果加以深入分析和研究，挖掘它的成长逻辑、管理哲学，认真总结，彰显其示范作用，必定具有非常重大的现实意义。本套丛书分为《华为之管理模式》《华为之人力资源管理》《华为之企业文化》《华为之国际化战略》《华为之研发模式》5本，系统介绍了华为不同方面的宝贵经验，以便广大读者和企业经营者深入地了解华为的管理哲学和经营智慧。

成功经验之一：管理模式

华为之所以成为中国民营企业的标杆，不仅因为它在技术上从模仿到跟进又到领先，更因为它与国际接轨的管理模式。华为的管理，始终存在中西方管理理念的碰撞和结合。从流程和财务制度这些最容易标准化、不需质疑的"硬件"开始，华为从制度管理到运营管理逐步推动"软件"的国际化。

诞生于 1995 年的《华为之歌》道："学习美国的先进技术，吸取日本的优良管理，像德国人那样一丝不苟，踏踏实实，兢兢业业。"华为最终决定向美国企业学习管理。

华为同 IBM(国际商业机器公司)、Hay Group(合益集团)、PwC (普华永道国际会计事务所) 和 FhG (德国弗劳恩霍夫应用研究促进协会) 等世界一流管理咨询公司合作，在集成产品开发(IPD)、集成供应链建设(ISC)、人力资源管理、财务管理和质量控制等方面进行深刻变革，引进业界最佳的实践方式，建立了基于 IT 的管理体系。任正非表示："在管理上，我不是一个激进主义者，而是一个改良主义者，主张不断地进步。""我们要的是变革而不是革命，我们的变革是退一步进两步。"

"先僵化，后优化，再固化"，这是任正非提出的一个著名的管理改革理论。

华为的管理优化进行得如火如荼的关键是其领袖任正非对管理的重视。在任正非心里，只要有利于实现"成为世界级领先企业"的梦想，一切改变和改革都是必要的。任正非强势地推动了这一切。"……这些管理的方法论是看似无生命实则有生命的东西。它的无生命体现在管理者会离开，会死亡，而管理体系会代代相传；

它的有生命则在于随着我们一代一代奋斗者生命的终结，管理体系会一代一代越来越成熟，因为每一代管理者都在给我们的体系添砖加瓦。"

军人出身的任正非很喜欢读《毛泽东选集》。一有工夫，他就琢磨怎样使毛泽东的兵法转化成华为的战略。仔细研究华为的发展历程，我们不难发现其市场攻略、客户政策、竞争策略以及内部管理与运作方式，无不深深打上传统谋略智慧和"毛式"哲学思想的烙印。其内部讲话和宣传资料，频频出现战争术语，极富煽动性。

在敌强我弱、敌众我寡的形势下，任正非创造了华为著名的"压强原则"。"我们坚持'压强原则'，在成功关键因素和选定的战略生长点上，以超过主要竞争对手的强度配置资源。我们要么不做，要做，就极大地集中人力、物力和财力，实现重点突破。"任正非信奉"将所有的鸡蛋都放在同一个篮子里"的原则，无论是在业务选择、研发投入还是在国际化的道路上，这种专业化战略的坚持，至今仍让诸多企业家折服。正是华为的远大目标和华为全体人员不断坚持，使得华为走到了今天。

任正非曾说："面对不确定的未来，我们在管理上不是要超越，而是要补课，补上科学管理这一课。"组织管理、人力资源管理、市场管理、变革管理、资本管理、危机管理等，无一不彰显出华为独特的管理智慧。任正非希望华为能回到一些最本质的问题上来，重新思考管理对于企业的重要作用。企业管理的目标是流程化组织建设，探索建设科学的流程体系，以规则的确定应对结果的不确定。《华为之管理模式》一书编写的目的，是通过对华为的管理理念及其实践的研究，总结出一些建立有效的管理机制和制度的经验。

成功经验之二：人力资源管理

日本著名企业家稻盛和夫曾经说过："企业员工的主动性和积极性才是企业发展的原动力。"当企业人力资源管理制度、企业文化立足于杰出的经营理念，必然得到员工发自内心的认同，并主动采取行动，积极推动企业的发展。而这种企业员工的主动性和积极性才是企业最宝贵的财富和发展的动力源泉，并且只有不断地激发员工的主动性和积极性，企业才能跨越时代，永远保持兴旺。任正非对此持有相同的观点："华为唯一可以依存的是人，认真负责和管理有效的员工是华为最大的财富。员工在企业成长圈中处于重要的主动位置。"

任正非在华为人力资源管理中坚持"人力资本的增值一定要大于财务资本的增

值""对人的能力进行管理的能力才是企业的核心竞争力"。要拥有人才就要有适合人才发展的机制，华为之所以能成为中国顶尖企业，就是因为有一套独特的人力资源管理机制。

价值创造、价值评价和价值分配构成了现代人力资源管理体系的主体，企业人力资源管理体系应该围绕这三方面构成的"价值链"来构建。也就是说，全力创造价值、科学评价价值、合理分配价值以及三者的闭合循环，是现代企业人力资源管理体系建设的核心和重点。华为的人力资源管理机制其实是打造了一个价值创造、价值评价和价值分配的价值链条，并且使之形成了良性循环，让整个人力资源体系为企业发展贡献出无穷的智慧和能量。

华为每次在人力资源上的调整都会在业界引起轩然大波，其真实目的在于："不断地向员工的太平意识宣战。""人力资源改革，受益最大的是那些有奋斗精神、勇于承担责任、冲锋在前并做出贡献的员工；受鞭策的是那些安于现状、不思进取、躺在功劳簿上睡大觉的员工。"

华为不仅建立了在自由雇佣制基础上的人力资源管理体制，而且引入人才竞争和选择机制，在内部建立劳动力市场，促进内部人才的合理流动。在人才流动上，华为强调中、高级干部强制轮换，以培养和提高他们能担当重任的综合素质；支持基层员工自然流动，让他们爱一行干一行，在岗位上做实，成为某一方面的管理或技术专家。

《华为之人力资源管理》系统地讲述了华为人力资源管理的价值创造体系、价值评价体系、价值分配体系、激活组织等内容。该书的一个重要特点在于理论和实践的结合，特别是与我国人力资源管理实践的结合。该书关注人力资源管理方法在真实的组织环境和情境下的运用，对现状和管理导向的思考始终贯穿全书。该书中还提供了丰富的华为人力资源管理案例，是理论与实践相结合的佳作，具有很强的可读性。

成功经验之三：企业文化

"世界第一CEO(首席执行官)"杰克·韦尔奇说过："如果你想让列车速度再快10公里，只需要加一加马力；而要使列车速度增加一倍，你就必须更换铁轨了。资产重组可以一时提高公司的生产力，但是如果没有文化上的改变，就无法维持高速的发展。"支撑企业高速发展的"铁轨"，就是企业文化。

美国著名管理专家托马斯·彼得斯和小罗伯特·沃特曼研究了美国43家优秀公司的成功因素，发现成功的背后总有各自的管理风格，而决定这些管理风格的是各自的企业文化。

任正非在《致新员工书》中写道："华为的企业文化是建立在国家优良传统文化基础上的企业文化，这个企业文化黏合全体员工团结合作，走群体奋斗的道路。有了这个平台，你的聪明才智方能很好地发挥，并有所成就。没有责任心，不善于合作，不能群体奋斗的人，等于丧失了在华为进步的机会。华为非常厌恶的是个人英雄主义，主张的是团队作战，胜则举杯相庆，败则拼死相救。"

企业文化是企业的软实力，是一支队伍战斗力的源泉。好的企业文化对外让四方各界对企业心向往之，倾心接纳；对内则是一种最好的凝聚力，会让团队发自内心地热爱事业，奋勇前行。一家没有文化的企业是走不长远的，企业文化不好同样走不长远。

华为之所以能成为中国民营企业的标杆，不仅因为它用30年时间成为中国最大的民营高科技企业，也不仅因为它在技术上从模仿到跟进又到领先，更因为华为独特的企业文化。它的企业文化核心是华为的愿景、使命和核心价值观，定义了华为的方向以及是非标准，即华为为什么存在，华为向何处去，什么是对的，什么是错的。对这些的认同是企业员工得以凝聚在一起面对各种艰难险阻的基础。

华为文化是中华文化与世界文化融合并以企业组织形态进入世界的典型代表。华为主动接轨、融合、拓展并创造新企业文化，是华为企业文化的典型特征。华为文化变革历程表明，力量型文化、创新型文化是华为初期企业发展的文化特征，而创新型、智慧型、包容型、力量型"四型"文化的构建，才是华为企业可持续发展的关键所在。

任正非曾说："世界上一切资源都可能枯竭，只有一种资源可以生生不息，那就是文化。"任正非强调的文化，不仅仅是华为的企业文化，不仅仅是每天所需执行的流程和制度，更是文化本身，积极将文化渗入华为人的修养中去。

华为的企业文化载体中一个非常具有辨识度的东西是《华为公司基本法》，这个基本法的意义在于，将高层的思维真正转化为大家能够看得见、摸得着的东西，使彼此之间能够达成共识，这是一个权力智慧化的过程。任正非表示："避免陷入经验主义，这是我们制定《华为公司基本法》的基本立场。""成为世界级领先企业"被写入《华为公司基本法》第一章第一条，它是华为的终极目标与理想。

难能可贵的是，华为在不同的阶段，不断地变革企业文化，然而在30年时间里，华为从小到大，始终坚持了两点：一点是核心价值观，即以客户为中心，以奋斗者为本，长期坚持艰苦奋斗；另外一点是自我批判——从初创时的几十个人发展到今天的企业规模，华为的自我批判工作从来没有间断过。

企业文化建设的最高境界是让文化理念融在思想里，沉淀在流程中，落实到岗位上，体现在行动中。要达到这一境界，离不开企业文化的有效传递。华为在这方面做出了卓有成效的探索。华为的企业文化传递通过制度建设得到很好的保障，华为的制度为企业文化提供有力的支撑，能够使之成为具有深远影响力和顽强生命力的文化，并对组织绩效产生很大的影响，使华为成长为一家赢得广泛赞誉的世界级企业。

《华为之企业文化》从实践出发，系统总结了华为企业文化的形成及其变革、企业文化制度的建立、企业文化落地和传播方法等。该书不仅适合需要了解企业文化的管理者，也适合对华为文化有兴趣的读者阅读。

成功经验之四：国际化战略

任正非判断国际化是华为渡过"冬天"的唯一出路。20世纪90年代中期，在与中国人民大学的教授一起规划《华为公司基本法》时，任正非就明确提出，要把华为做成一家国际化的公司。与此同时，华为的国际化行动就跌跌撞撞地开始了。

1998年，英国《经济学人》杂志载：华为这样的中国公司的崛起，将是外国跨国公司的灾难。这话也许并不是危言耸听。在思科与华为的知识产权纠纷案之后，思科董事会前主席兼首席执行官约翰·钱伯斯表示："华为是一家值得尊重的企业。"美国花旗银行高级顾问罗伯特·劳伦斯·库恩博士曾称，华为已经具备"世界级企业"的资质，它的崛起"震惊了原来的大佬们——北电、诺基亚、阿尔卡特－朗讯"。

在任正非的领导下，华为成功地完成了由"活下去"到"走出去"，再到"走上去"的惊险一跃，依靠独特的国际化战略,改变行业竞争格局,让竞争对手由"忽视"华为，到"平视"华为，再到"重视"华为。

在和跨国公司产生不可避免的对抗性竞争的时候，华为屡屡获胜，为中国赢得骄傲。然而，这份骄傲来得并不是那么容易。在最初的国际化过程中，华为是屡战屡败，屡败屡战。最终，华为采用了巧妙的"农村包围城市"的办法，取得了国际化的初步胜利。即使在今天，亚非拉等一些不发达的国家和地区，依然为华为创造着很大的利润。为何华为会选择"农村包围城市"的战略呢？从技术水平看，创业不久的华为还难以与国际一流企业在发达国家市场竞争；从政治关系看，南南合作成本低于南北合作；从企业战略看，华为产品和模式的直接推广有利于资本积累，符合华为"生存是底线"的思想。

中国企业与跨国公司的距离有多远？企业"走出去"的道路有多长？华为公司的实践说明：只要不等不靠，坚定地走出去，看似遥不可及的目标可能就在眼前。《华为之国际化战略》通过丰富翔实的案例，揭示了华为国际化的指导方针、实现路径和战略突破，重点阐述华为的价格战略、"开放但不结盟"等经验，这些经验可以给更多优秀的中国企业走向海外市场提供有益的借鉴。

成功经验之五：研发与创新

华为推崇创新。30多年来，在任正非的领导下，华为对技术创新孜孜以求。华为对创新也形成了自己的观点：不创新是华为最大的风险。

如今华为在国际上的地位，来源于其多年来在研发上的巨额投入。在别人觉得搞技术是赔钱买卖的时候，任正非却每年将华为收入的10%以上投入研发中。2017年，华为持续投入未来的研发费用达897亿元人民币，同比增长17.4%，而近10年投入的研发费用则超过3940亿元人民币。任正非认为，正是这样一种创新精神和对技术的追求，使得华为成就了一系列的第一。

从一家早期以低价格竞争取胜的企业，几年之间迅速转变成技术型企业，30年后成为世界通信行业的领头羊，华为所用时间之短，让人为之咋舌。

《华为之研发模式》一书剖析了华为成立30多年来保持活力的秘诀，那就是始终坚持创新。正所谓"创新无止境"，即使华为今天已经居世界通信行业的前列，任正非仍然感到"前途茫茫"，因为华为进入"无人区"之后需要考虑方向，需要进行更大的创新以开辟新的市场。2016年5月，任正非在全国科技创新大会上说"感到前途茫茫，找不到方向"，这是对华为肩头所担负的使命以及对中国企业从事重大创新的一种深刻的忧思，或者说是一种迫切的呼唤。长期以来，中国企业跟随在西方领跑者之后已经成为一种习惯，在不断追赶中的巨大压力下成长起来；如今，华为已经成为行业的领跑者，必然要承担起更大的责任，必须要取得重大的理论突破，才能实现科技发展上的质的飞跃。

2017年年底，华为重新确立了公司的愿景和使命：把数字世界带给每个人，每个家庭，每个组织，构建万物互联的智能世界。这是华为的愿景，是华为对未来发展勾勒出的一幅愿景图。

《第五项修炼》一书指出，在人的自我超越中，会有两种张力发生作用，一种是创造性张力，一种是情绪张力。愿景是具象化的目标，它能让人产生创造性张力。人的愿景越大，所产生的创造性张力就越大。愿力无穷，潜力无限。面向未来，基于确定的愿景和使命，华为的战略是聚焦 ICT（Information and Communications Technology，信息和通信技术）基础设施和智能终端，做智能社会的开拓者。这是一个美好的、宏大的愿景，代表着中国式创新典范企业的腾飞梦想。

让我们祝福华为，向华为致敬！

说明：本套书中所有数据统计截止时间为 2018 年 6 月 30 日。

目录

I

第一章

国际化指导方针

今天的华为已是一家真正国际化的公司。回顾华为早期国际业务的开展，虽然艰难曲折，但从战略选择上看确实是异常坚定。

中国通信设备制造业走出去的步伐是稳健而卓有成效的。早在1990年，上海贝尔就实现了产品出口，是国内开展国际业务最早的通信设备供应商。华为等国内相关厂商，也大都在20世纪90年代下半期和21世纪初相继正式成立相关海外业务部门，涉足国际通信市场。突破口打开后，"中国狼军团"便在国际市场上打响了形式多样的冲击战役，几年下来，在海外业务上初步显示出了我国通信产业的冲击力。

"土狼突围"成为华为进军海外市场最初几年的形象比喻，正如华为前任董事长孙亚芳在一次华为董事会工作报告中所说，在跨国巨头林立的通信设备市场"过分依赖国内市场对公司来说是相当危险的"，纵览世界，没有一家专注于国内市场而成功的企业，因而国际化是华为的战略选择。这就是华为与众不同的大格局——具有瞄准世界级企业的战略眼光。

与发达国家企业站在全球价值链顶端、寻求低成本生产空间和市场的国际化或全球化所不同，华为国际化不仅是国际市场的开拓，更重要的是，通过国际化实现产业链和价值链的攀升。这种价值提升的路径和经验，正是华为留给中国企业的宝贵财富。

第一节 拒绝机会主义

随着互联网信息的发展，世界变得越来越扁平化。全球化已经不是你想不想的问题，而是怎么参与的问题。

海尔集团董事局主席兼首席执行官张瑞敏曾说："如果不国际化，风险可能更大。"张瑞敏认为，"中国企业已经到了一个没有后路可退的阶段，可能很多企业还没有认识到这点，尤其是对两个一体化——国内国外市场一体化、国内国外竞争对手一体化的认识。我国企业其实已完全置于全球经济一体化的竞争当中了，你在国内碰到的对手，在国际上也会碰到。你很难说我在国内做得很优秀，就可以高枕无忧了。如果还在争论做品牌和做代工（OEM）谁更适合中国目前企业的话，那就显然没看到问题的本质。其实，无论做品牌，还是做代工，你都必须做到世界级的水平，才能体现你的竞争力！即使是做螺丝的中小企业，如果能做到世界份额的20%以上，那也是世界级的竞争力。台湾做笔记本电脑代工，已经占到全球份额的60%，这就是代工的名牌。"

相较于人们对企业多元化的诟病，国际化却总是备受推崇，"走出去"一直是中国企业家孜孜不倦追逐的梦想。于是，中国企业的国际化步伐不断加快，跨国并购的大戏也不断上演。2004年"国际化"浪潮中，通过规模并购，TCL 和联想都快速地完成了惊险一跃，TCL 在规模上跃升为全球彩电业第一、手机前五之列，联想则有意借 IBM 之力升至全球 PC 第二位，尽管它们此前的海外销售在其公司销售中还只是较为微小的一笔。

条条大路通罗马。华为在 2004 年迎来了海外市场的丰收：华为 2004 年海外销售突破 20 亿美金。不同的是，那个时期华为在海外鲜有规模并购。可以看出，与企业家的热情相反，跨国并购案中为人们津津乐道的突破屈指可数，更多则成为供商学院学生学习分析的失败案例。华为是一个例外。

华为在国际市场上是一步一个脚印踏踏实实走过来的。很早以前任正非就表示：国际市场拒绝机会主义。

任正非当初的这句话一直被奉为华为开拓国际市场的圭臬。从 1995 年，华为就开始了国际市场拓展的征程，而这种征程是在"屡战屡败、屡败屡战"中不断完成的。对华为而言，国际化是个长期投入的过程，华为国际化是实在投资，目标明确，与"只想捞一把就走"的公司有着本质的区别。

华为决定进军海外之后，提出了一系列打开海外市场的战略方针，其中有一条就是任正非所说的"国际市场拒绝机会主义"。什么叫作机会主义？ 根据列宁的说法："机会主义是牺牲根本的利益，贪图暂时的局部的利益。"任正非表示："通信行业是一个投资类市场，仅靠短期的机会主义行为是不可能被客户接纳的。因此，我们拒绝机会主义，坚持面向目标市场，持之以恒地开拓市场，自始至终地加强我们的营销网络、服务网络及队伍建设。"

中国盛产机会主义者，就像在炒股中很多人都抱着"赌一把"的心态，缺乏扎扎实实做事的态度。在不成熟的市场环境下，机会主义者为了达到目的不择手段，很多中国企业并不专注于自身核心竞争力的提升，而是想方设法通过一些非正规化的捷径达到目的。而他们因此获得的"成功"更激发了逐利者对机会主义的热情。但是，要想在海外市场上站稳脚跟，没有真本事是难以成就的。

华为拒绝机会主义的作风由来已久。华为创办后不久正值邓小平发表南方讲话，中国经济进入高速增长阶段。但由于投资速度过快，规模过大，整个经济形势出现过热的情况。其中炒股狂潮和房地产热就是两种非常典型的现象，很多人疯狂地投入到炒股中，而很多企业则疯狂于房地产的投资，但任正非却不为所动，拒绝一切他认为是"机会主义"和短期行为的东西，踏踏实实走实业之路，最终换来华为的崛起。

华为作为一家以技术起家的企业，当时与国际通信巨头相比，其技术能力并不占绝对优势，在很多方面还存在问题。在国内市场，华为可以通过低价和客户关系来保障自己的市场占有率，但是在海外市场尤其是欧美等发达国家这些做法就行不通了。因为这些国家的技术本来就是世界一流的，低价和关系在这里都没有市场，客户只需要最出色的技术和最优质的产品。

因此，在进军海外市场的时候，华为就制定了与国内市场有所不同的政策，要求被派驻到海外的员工一定要本着实事求是的原则，在技术和生产上来不得半点的马虎，要把每一个研发和生产步骤做到精确，要有强烈的责任心和原则性，要有把市场做大做长远的决心，拒绝机会主义，要用实力赢得海外市场。

华为在海外市场的开拓举步维艰，不断碰壁，并曾一度停滞不前。华为开始进一步开拓国际市场，重点是市场规模相对较大的俄罗斯和南美地区。这个时期，华为在国际市场上并没有多少业绩亮点。华为在国际市场上基本一直处于"屡战屡败"的窘境，那时华为往往只能见到客户，拿到标书，但是投标之后却石沉大海，没有任何结果。那个阶段异常艰苦，有时一个人在几个国家来回跑，但却一无所获。直到 1999 年，华为参加也门和老挝的正式招标并分别中标，这是华为在海外市场中第一次在真实招标项目中中标。那一年，华为的海外业务收入占其总营业额还不到 4%。任正非没有改变他国际化的策略，而是继续加大投入。任正非表示：

我们现在不尽快使这些产品全球覆盖，其实就是投资的浪费，机会的丧失。

我在拉美时，与胡厚崑（现为华为轮值董事长。编者注）谈话，胡厚崑讲到了拉美市场拒绝机会主义。有合同，呼啦啦就来了，没合同，呼呼呼就走了。我认为他们的关系是不巩固的，至少普遍客户关系不巩固。

那些机会主义公司的客户关系是不巩固的，至少普遍客户关系不巩固。华为公司在拉美，在任何国际市场都要坚决杜绝机会主义，坚持普遍客户关系原则。

在海外的华为干部要下到市场第一线，海外华为办事处要"多配车，跑起来"。在海外，华为员工自己不开车，雇一个当地的司机，语言又熟悉，还可以作为半个保镖，解决安全问题。

进军俄罗斯

1997 年，华为进军海外的第一步迈向了俄罗斯，当时的中国产品在俄罗斯普遍面临信任危机，华为的艰难可想而知。华为从 1996 年开始拓展俄罗斯市场，开头几年因为俄罗斯宏观经济不好，卢布贬值，时任总统的普京从各方面开始整顿经济，一些国际上大的电信设备制造商因为看不到短期收益而退出了俄罗斯市场。这一市场的主角空缺无疑给了华为"搭台唱戏"的绝好机会。

刚到莫斯科时，还没从国内市场的火热气氛中回过神来的李杰（当时他负责华为国际市场宣传。编者注）信心十足。他对员工说，我们要把俄罗斯的每一个地区都跑一遍，竞争对手吃饭、睡觉、滑雪、和家人团聚的时间我们都用来攻取阵地，一定能够闯出来。

著名管理专家、并购专家王育琨在文章《华为国际化调查报告》中这样记述当年华为人在俄罗斯的奋斗历程："现任华为独联体区总裁的李杰，就是在这样的背景下被派往俄罗斯开拓市场。俄罗斯的 1998 年，天气倒是不冷，可市场太冷了，而且紧接着俄罗斯发生的一场金融危机，使整个电信业都停滞下来。李杰回忆说：'有在打官司的，有在清理货物的，官员们走马灯似的在眼前晃来晃去，我不仅失去了嗅觉，甚至视线也模糊了，那时候，我唯一可以做的就是等待，由一匹狼变成了一头冬眠的北极熊。'这一年，李杰几乎一无所获，除了告诉俄罗斯：我们还在。1999 年，李杰还是一无所获。在日内瓦世界电信大会上，任正非点醒了自己的爱将：'李杰，如果有一天俄罗斯市场复苏了，而华为却被挡在了门外，你就从这个楼上跳下去吧。'李杰说：'好。'李杰马不停蹄地开始组建当地营销队伍，培训后送往俄罗斯各个地区，以此为基础建立了合资企业贝托－华为这个营销网络；在不断的拜访中，他们认识了一批运营商的管理层，了解和信任在频繁的沟通中得以建立，从而形成了目前最主要的客户群。在艰难的起步中，华为从俄罗斯国家电信局获得的第一张订单只有区区 12 美元。"

《华为公司基本法》起草者之一吴春波分析道："华为进入国际市场是一种历史的必然。'过分依赖国内市场对公司来说是相当危险的。'走出去就有机会，但国际市场同样拒绝机会主义，同样拒绝短期行为。国际化是一种战略选择，更应该成为持之以恒的承诺和持久的投入。在国际化的道路上，华为的道路绝不会一帆风顺，必须经受一番痛苦的磨炼。但只要我们认定了国际化这条路，就别无选择。

"华为在进入俄罗斯市场时，正是用苏联卫国战争期间被苏联军民广为传诵的名言，作为其战略宣言：'俄罗斯大地辽阔，可我们已无退路，后面就是莫斯科！'没有攻不下的市场堡垒，只有攻不下市场堡垒的人。华为在俄罗斯市场上，历经八年，从颗粒无收到满载而归，最重要的一条就在于对国际化战略的坚持和信仰。"

2004 年，在"中国高科技企业全球化战略研讨会"上，华为高级副总裁徐直军第一次正面向外界袒露华为公司近十年来在整个全球化过程中的曲折、艰辛。

《通信世界》周刊社长刘启诚记录了徐直军的演讲，"1996年，徐直军被派往俄罗斯开拓市场，但是在俄罗斯待了两周时间，根本就没有见到客户，只见到有可能成为合作伙伴的公司以及边缘的做支撑性业务的机构。徐直军至今很清楚地记得当时他与俄罗斯负责软件部门的领导人见面时的情形，听说中国公司能够做交换机，俄罗斯人根本就不信，他们第一句话就说，俄罗斯根本不会用任何新的交换机，所以不可能和华为合作。当时徐直军带了交换机的两块电路板和自己设计的芯片，当他把电路板和芯片掏出来摆到他们面前，看到中国的技术水平大大超出他们的预期和俄罗斯的水平时，这些俄国人震惊了。他们坐了下来，徐直军打开投影仪开始介绍产品。听完整个介绍以后，俄国人对华为的产品有了兴趣，后来华为进一步和这些机构联系，最终将华为的交换机卖到了俄罗斯。"

华为锲而不舍地坚持在俄罗斯市场的投入。那时，时任俄罗斯总统的普京全面整顿宏观经济，俄罗斯经济出现"回暖"之际，华为终于赶上了俄政府新一轮采购计划的班车。

1997年4月，华为就在俄罗斯建立了合资公司（贝托 - 华为，由俄罗斯贝托康采恩、俄罗斯电信公司和华为三家合资成立），以本地化模式开拓市场。在早期的五六年里，华为在俄罗斯几乎没有拿到单子，但自2000年起，华为每年以100%的速度增长。华为设备在俄罗斯通信市场占有率为14%，其中固网市场占有率约20%。

华为坚持了下来，并且抓住俄罗斯电信市场新一轮的采购机会，经过8年的蛰伏，最终成为俄罗斯市场的主导电信品牌。2001年，华为在俄罗斯市场销售额超过1亿美元，2003年在独联体国家的销售额超过 3 亿美元，位居独联体市场国际大型设备供应商的前列，俄罗斯分公司 90% 的员工都来自当地。

　　2007 年 6 月 9 日，华为公司在俄罗斯历史名城圣彼得堡举办了"华为在俄罗斯 10 年"庆典。时任中国国务院副总理吴仪和俄罗斯副总理茹科夫（Alexander Zhukov）参加了庆典，与会来宾高度赞扬了华为对俄罗斯电信行业及中俄两国经贸关系做出的贡献。华为董事长孙亚芳向来宾们致欢迎辞，俄罗斯第一副总理梅德韦杰夫（Dmitry Medvedev）发来了贺电，他强调："华为自进入俄罗斯以来，对促进俄罗斯的电信发展以及中俄两国的经贸关系起了重要作用。我希望华为能继续为加强两国的合作贡献力量。"经过十年的不懈努力和持续投入，华为与俄罗斯所有顶级运营商建立了紧密的合作关系，在俄罗斯 14 个城市设有代表处，形成广泛覆盖的营销和服务网络，保证了为客户提供更快捷、优质的服务。

　　从 2007 年到 2017 年，是华为在俄罗斯深耕的第二个十年。华为不仅在运营商市场收获颇丰，而且在俄罗斯的品牌知名度直线攀升。通信设备搭建方面，2007 年，华为参与建设俄罗斯第一个大规模国际 NGN 网络，提供市际和国际长途语音通信服务；2009 年，提供设备用于北极圈建设光网络；2017 年，与俄罗斯 TOP 运营商 Veon 上线 5G 实验网，为用户带来更好的数据传输体验。

　　在智能终端设备方面，华为在俄罗斯的拓展更是高歌猛进。2013 年，上线官方网上商城，销售智能终端和配件产品，目前已经成为俄罗斯最大的智能终端品牌线上店；2014 年，正式启动华为高端品牌建设，HUAWEI Mate 7 上市，受到俄罗斯消费者喜爱。2016

年，华为与俄罗斯最大的通信零售连锁 MTC 启动全面战略合作，同时分别与俄罗斯最大互联网公司 Yandex 和俄罗斯最大储蓄银行 Sberbank 签署智能机 BD 战略合作框架，为本土消费者提供最好的本地服务。

2017 年，华为在俄罗斯最大的手机 PC 联手连锁 DNS、最大的通信连锁 MTC 等智能机销售份额均为第一，2017 年华为在俄罗斯的品牌知名度较 2016 年已增长 21%。2018 年 1 月至 3 月，华为平板电脑销量同比增长 1.5 倍，市场占有率为 23%。俄罗斯当地媒体报道，华为平板电脑销量增长的主要原因是其在年初推出了新品以及增加了不同价位的机型。据国际数据公司（IDC）统计，华为平板电脑对俄供货量同样排名第一，紧随其后的是三星、Irbis、Prestigio 和联想。

从 1997 年开始，羽翼渐丰的华为将视野投向海外市场，第一个开拓地便选择了横跨欧亚大陆的俄罗斯，经过 21 年的辛勤耕耘，实现了许多历史性突破，也获得了丰厚的回报。

进军泰国

2000 年，华为进入泰国打算卖 GSM 相关设备，但当时的泰国移动通信市场，GSM 网络已经被国外几家大的设备商瓜分殆尽，华为很难再从中分得一杯羹。如果按照一般厂商的做法，肯定是暂时撤出，等看准其他机会时再来进行市场开拓。但这种典型的机会主义的做法，是任正非明令禁止的。华为没有退缩，而是开始积极寻找市场空缺。功夫不负有心人，经过仔细的市场分析，华为人发现，当时的泰国移动运营商 AIS 虽然拥有 180 万用户，但第二大运营商 DTAC 紧随其后，竞争非常激烈，急需新业务来刺激用户数量的增长。于是，华为人从泰国最大的移动运营商 AIS 开始，说服 AIS 投入智能网建设，并且在 45 天内为其建立了网站。5 个月后，AIS 收回了投资，双方的信任开始初步建立起来。

AIS 在华为的帮助下，实现了滚雪球似的发展。三年时间里，AIS 用户数量增加到了 1200 多万。之后，华为陆续与泰国其他电信运营商都建立了业务关系。2005 年 1 月，华为又中标承建泰国 CDMA 移动通信网络项目，合同总值 72 亿泰铢（合 1.86 亿美元）。该项目是 CAT Telecom 利用 CDMA20001X 技术建设网络，覆盖泰国 76 个府中 51 个府的计划的二期工程。华为通过精湛的技术和扎实的服务终于在泰国站稳了脚跟。

除了商业上在泰国市场精耕细作，华为也重视对当地 ICT 人才的培养，还积极向泰国政府献计献策，助力新技术促进经济发展。2008 年，华为在泰国首次举办"未来种子"项目，这也是华为首次在亚洲国家举办该项目。华为与朱拉隆功大学、国立法政大学、农业大学等多所泰国顶尖高校合作，为 1000 多名泰国 ICT 学生提供帮助。从 2008 年到 2016 年，华为为 11 所泰国大学的 2486 名学生和 105 名讲师提供了 ICT 知识培训。

2018 年 6 月 6 日，泰国副总理颂吉在泰国科技部与华为联合主办的第四届"华为亚太创新日"上表示，泰国政府希望看到华为给予三个方面的支持：加强泰国数字经济的竞争力、加强泰国中小企业的竞争力、进一步发展泰国教育事业。颂吉说："我们感谢华为承诺通过在泰国的持续投资来支持泰国的数字经济转型，包括培训大学的人力资源，建立开放实验室，让泰国人在商业化之前能够测试创新的商业理念。这次泰国与华为的合作将鼓励泰国人认识到数字技术对人民和国家发展的重要性。事实上，泰国的创新和技术能力非常强，泰国拥有 1.21 亿个手机号码、4100 万互联网用户和 800 亿美元的电子商务业务价值。与此同时，泰国商界一直在积极投资物联网、人工智能和大数据，现在正是华为在曼谷举办'华为亚太创新日'的好时机。"

华为公司轮值主席郭平表示，亚太地区的许多经济体已经开始了数字转型之旅。泰国的数字生态系统至关重要。政府需要发挥主导作用，行业需要主动发挥作用，个人需要努力提高自己的数字技能。华为准备并愿意与亚太国家合作，建立这个数字生态系统。他说道："我们在曼谷建立了一个开放实验室，向我们的客户和合作伙伴开放我们在 ICT 方面的知识和资源。"曼谷开放实验室建立于 2017 年，郭平表示，未来，华为公司希望这个开放实验室不但能更好地为当地合作伙伴服务，而且能在促进不同领域的联合创新方面发挥更大作用。

同时，华为东南亚地区部总裁吴伟涛发布了华为东南亚开发者"沃土计划"。吴伟涛称，未来三年，华为将投入 8100 万美元支持东南亚区域构筑数字新生态。这笔资金将用于开放实验室 (OpenLab)、云开发者计划、信息通信技术 (ICT) 人才培养。同时，华为将把过去 30 年在信息通信技术领域的经验与合作伙伴分享，帮助行业共同成长。他还宣布，2018 年 8 月，华为将正式启用印度德里开放实验室，与目前的曼谷开放实验室一起组成华为东南亚区域行业解决方案创新平台。[①]

第二节　以土地换和平

以色列前总理伊扎克·拉宾是中东和平的开拓者。他是以色列建国 60 多年来第一位提出"以土地换和平"概念的政治领袖。拉宾承诺在以色列的"安全得到切实保障"的前提下，通过政治谈判解决阿以争端，把侵占的阿拉伯领土逐步归还给有关阿拉伯国家。他还同约旦达成和平条约并正式建交，从而让中东和平进程取得突破性进展；在叙以会谈上，拉宾采取积极态度，承认叙利亚对戈兰高地拥有主权。拉宾所做的化解矛盾、着眼于民族利益的远见之举，受到爱好和平人士的赞扬。任正非非常赞赏拉宾的这种"以土地换和平"的思想。

在 2005 年的一次讲话中，任正非提出了华为的国际化策略，即"向拉宾学习，以土地换和平"。他说："我们的友商就是阿尔卡特、西门子、爱立信和摩托罗拉等，我们把竞争对手都称为'友商'，我们的沟通合作是很好的。我首先强调，我们要向拉宾学习，以土地换和平。"

任正非从拉宾那里领悟到，对手都是相对的和暂时的，为了长

---

① 《华为发布东南亚开发者沃土计划 8100 万美元打造"黑土地"》，2018 年 6 月 7 日，钛媒体，链接地址：http://www.tmtpost.com/nictation/3288598.html

远利益，应该与对手建立长期战略关系。而为了达到这一目标，暂时牺牲一些自己的利益也是值得的。他说："我曾经在与一个世界著名公司，也是我公司全方位竞争对手的合作时讲过，我是拉宾的学生，我们一定要互补、互助，共同生存。我只是就崇敬拉宾来比喻与竞争对手的长期战略关系。"

在华为国际化进程中，任正非越来越体会到和平与发展才是国家之间的主旋律，开放与合作是企业之间的大趋势。未来世界谁都不可能独霸一方，只有加强合作，你中有我，我中有你，才能获得更大的共同利益。

华为从 1996 年开始国际化，常用方式是与外国企业建立合资公司。随着国际化推进，从 2005 年开始，国际化战略向着独立控股一个外国企业方向转型。这样的转型有助于解决原有方式缺乏对合作伙伴的有效激励机制，以及企业文化冲突等问题。

与思科合作

2003 年被炒得沸沸扬扬的"华为思科案"最终以二者握手言和而告终。这场官司不但没有让华为受到太大损失，反而有效地提高了华为在国际上尤其是在美国市场上的知名度，促进了华为国际化进程的加快。同时，任正非也通过这件事开始反思自己的国际化策略。他开始强调华为要与时俱进，市场策略要因时而变。任正非在其题为《华为大学要成为将军的摇篮》的演讲中说道：

当年的抗大校训就是"坚定不移的政治方向，艰苦朴素的工作作风，灵活机动的战略战术"，我们既要有坚定不移的方向，又不能过分教条，战略队形和组织结构要随着环境变化进行调整和变化。

比如，一讲到宽带，大家就说一定要可运营可管理，就要打倒思科，我们是否也可以举起右手支持思科，赚拥护思科的客户的钱，举起左手也可以做可运营可管理，赚反对思科客户的钱。在工作中不能强调一边就忽略另一边，不能走极端。眼前我们的问题是利润不够，所以要做些小盒子到各地抢粮食去。所以队形要根据市场进行变化，不能僵化和教条，要有灵活机动的战略战术，我们的宗旨就是活下去。

因此，与其说这是华为在技术上和市场上向对手妥协，不如说，这是华为以"退"为"攻"，让自己在市场竞争中处于更有利的地位。

与 3Com 合作

2003 年 11 月，华为 3Com 有限公司正式成立并开始业务运作。华为 3Com 公司是由华为公司与 3Com 公司共同组建的合资企业。任正非表示："这是华为的一项商业投资，我们相信通过新的业务重组后，3Com 能够为客户提供更好的产品和服务，为客户带来更多价值。"赛迪顾问杨凯认为，此前华为在海外市场特别是北美市场上难有建树，而参与收购 3Com 后，可充分利用其资源和渠道，这对华为海外市场的扩展极为有利。

2005 年，任正非在其题为《华为与对手做朋友，海外不打价格战》的文章中写道：

华为现在还是很弱小，还不足以和"国际友商"直接抗衡，所以我们要韬光养晦，要向拉宾学习，以土地换和平，宁愿放弃一些市场、一些利益，也要与"友商"合作，成为伙伴，和"友商"共同创造良好的生存空间，共享价值链的利益。我们已经在好多领域与"友商"合作起来，经过五六年的努力，大家已经能接受我们，所以现在国际大公司认为我们越来越趋向于朋友，不断加强合作会谈。如果都认为我们是敌人的话，我们的处境是很困难的。

所以这些年，我们一直在跟国际同行在诸多领域携手合作，通过合作取得共赢、分享成功，实现"和而不同"，和谐以共生共长，不同以相辅相成，这是东方古代的智慧。华为将建立广泛的利益共同体，长期合作，相互依存，共同发展。例如，我们跟美国的 3Com 公司合作成立了合资企业。华为以低端数通技术入股（占 51% 的股份），3Com 公司出资 1.65 亿美元（占 49% 的股份）。这样一来 3Com 公司就可以把研发中心转移到中国，实现了成本的降低，而华为则利用了 3Com 世界级的网络营销渠道来销售华为的数通产品，大幅度地提升我们产品的销售，2004 年销售额增长了 100%，这样就能够使我们优势互补、互惠双赢。同时，也为公司的资本运作积累了一些经验，培养了人才，开创了公司国际化合作新模式。我们后来和西门子公司在 PDS 方面也有合作，在不同领域销售我们的产品，能达到共赢的状态。

与西门子合作

2004 年 2 月 12 日，西门子和华为正式宣布成立 TD-SCDMA 合资公司。该公司总投资超过 1 亿美元，西门子占股 51%，华为占股 49%。华为高级副总裁徐直军表示，新合资公司的实质意义在于 TD-SCDMA 技术标准的具体应用和产品业务层面，而对 TD-SCDMA 基本专利的分配没有任何影响。西门子华为合资公司表面上是一家基于 TD-SCDMA 标准上的技术公司，但实质上仍是市场和产品应用层面上的商业联盟。

与美国赛门铁克合资

2007 年 5 月华为与美国赛门铁克公司合作成立华为赛门铁克公司，2008 年 2 月正式挂牌。新公司将为全球电信运营商和企业开发、生产世界领先的安全和存储产品及设备。任正非表示："赛门铁克是全球领先的安全与存储软件公司，为客户提供一流的安全和存储软件技术，华为与赛门铁克的合作是华为 AllIP 和 FMC 战略的一部分。随着电信网络走向 AllIP，网络安全必将成为 AllIP 网络的基础，华为与赛门铁克的合作不但能为运营商客户提供全球领先的网络安全解决方案，而且还能为企业客户提供专业的安全及存储解决方案，以使客户的网络更安全、更高效。"

在备受业界关注的 3G 领域，华为当时已经拥有 800 多项专利，并与业界知名厂商签订了许多专利协议，先后与美国高通公司、爱立信公司、诺基亚等业界知名企业签订 3G 专利许可授权协议。即使在中低端数据通信产品的海外市场拓展上，华为也在寻求更多战略合作伙伴，华为 3Com 公司总裁郑树生在接受《IT 时代周刊》采访时说道："我们在日本市场上的战略合作伙伴是 NEC 和三菱公司，我们在欧洲正在谈更多的合作伙伴。"华为和 NEC、松下合资成立了宇梦公司，研发 3G 手机。

2009 年，华为高级副总裁徐直军在接受《IT 时代周刊》采访时说道："（华为与国际伙伴之间）这是竞争之上的一种合作，是国际企业发展的一种趋势，在竞争中共享，在共享中竞争。我们势必通过这种竞争合作的方式，争取实现华为早日和全面的国际化。目前已经与 3Com、西门子、NEC、松下、TI、英特尔、摩托罗拉、朗讯、SUN、IBM 等多家公司开展多方面的研发和市场合作。其中的许多厂家是第一次与中国，甚至亚太区的公司进行类似的合作。华为已经与 3Com 合资成立华为 3Com 公司，与 NEC、松下合资成立宇梦公司，与西门子成立了 TD-SCDMA 合资企业。目前我们没有在国外的委托加工厂。"

第三节　以客户需求为导向

未来电信、IT 发展的重要方向之一是满足客户的需求。在产品越来越同质化的今天，服务成为赢得客户支持的关键。IBM 前总裁郭仕纳和 IBM 的"随需应变"让曾陷危机的蓝色巨人再次焕发出了勃勃生机，剥离非核心业务——即使是声名显赫的 Thinkpad——从而专注于自己的 IT 服务，使得 IBM 的收益再次高增长。2006 年，IBM 创造的税后利润高达 94.16 亿美元，其中服务占到了 37%，这一利润水平是最接近它的竞争对手的 2 倍多。而另一家全球知名的电信设备提供商爱立信，其 2006 年的营业收入中，服务所产生的收入也占到了总收入的 32%。众所周知，在设备利润率越来越低的趋势下，服务是身处电信行业中设备提供商的未来，但是，把握客户的不同需求，把握行业的脉搏和时代的发展趋势，随需应变，才是赢得这种未来的基础和核心。

华为网络解决方案负责人萨维什·沙尔曼（Sarvesh Sharma）说："我们不会纯粹为了技术而开发技术。我们是一家十分重视客户的公司，不会专注于发展某一项技术。我们的目标是根据客户需要开发产品。"

对于华为来说，它所面对的更多的是运营商（企业）。在一个 B2B（企业对企业）的市场中，服务远不像 B2C（企业对个人）市场上简单的维修和更换就可以满足客户需要那么简单。每一个运营商庞大的网络和动辄百万计的终端客户，使得设备商面对的每个运营商的需求都几乎独特而唯一。不仅如此，每一个运营商想从设备商处得到的，并不仅仅是设备和服务本身，而是通过这些设备或服务，满足他们的某种需要，从而支撑其自身战略目标、盈利目标等的实现。在这种背景下，如何才能建立设备商服务的优势和价值，提高客户满意度，打造客户忠诚度，成为很多像华为一样的设备商面临的一个问题。

《华为公司基本法》起草人之一吴春波在其文章《以生存为底线的华为国际化》中分析道："华为在国内市场上的成功，依赖的是客户导向的核心价值观。在国际市场上，要取得成功，也同样必须坚持这一核心价值观。低廉的人力成本，产品或服务的低价策略，并不是进入国际市场的通行证。不可否认，对于没有品牌知名度的中国企业，依靠价格优势，取得局部市场的突破，在进入国际市场的早期不失为一种理智的选择。但是从长期来看，价格优势不能成为中国企业的核心竞争力，因为这种优势本身很脆弱，而且低价策略所受到的打压和限制也越来越多，客户可选择你的产品，但不能认同你的品牌，同样也不能赢得竞争对手的尊重。"

华为设立了专门的客户需求研究部门，在全球各地与客户交流、倾听客户的声音，将客户的需求反馈到研发部门，形成产品研发的路标，开发出满足客户需求的优质产品。例如，在海外市场，他们针对一个国家的不同运营商对同一个产品的需求会截然相反的情况，引入了标准平台、定制特性的开发模式。

"关注客户的需求是华为得到全球运营商认可的关键，我们认真地倾听来自客户的声音，"华为无线产品线总裁张顺茂说，"围绕客户的需求，通过创新的解决方案为客户持续地创造价值。与客户共同成长是华为的发展战略。"

华为海外市场发生过这样一个故事：华为与英国一家运营商签约，需要交付全套的BSS（BSS全称为 Basic Service Set，意为"基本服务集"和核心网），并同时提供主集成服务、组织架构变革、管理服务等，其中账务系统是客户的钱袋子，也是 BSS 系统的核心，用"差之毫厘，谬以千里"来形容绝不为过。第一道关就是要保证新老系统的结果能够一致，精确到每一条话单。客户有 400 万用户，每月的话单量达 36 亿条。这 36 亿条话单都要一一对平，工作量十分巨大。加上已经使用了 15 年的老系统，现有维护厂商只是在上面打补丁，客户也无法将老系统说清楚。此外，新系统的处理逻辑已经优化和改进，在不同的逻辑系统下要保持 36 亿条话单的一致性，无异于大海捞针。针对这个难题，华为项目对账小组仔细分析了几种技术方案后，信心十足地和客户的财经部门沟通，并立下军令状：请客户安排两名业务专家全力支持，一周后给出完整的对账解决方案。客户当场拍板同意。接下来的这一周，对账团队开始了 7×24 小时的攻关，一周之后即给出完整的对账方案！客户惊呆了，连称：华为，奇迹！方案定下来之后，项目组的差异对账、区别对账方式在此后的 4 轮对账中，让财经部门越来越放心。该部门是第一个签字同意上线的部门。

　　这恰恰反映出华为的服务特点是以客户的需求为导向，想尽一切办法解决问题。做一个华为的客户是相当令人惬意的事情，因为华为企业文化的核心就是千方百计满足客户需求。华为人自称，他们的使命就是：聚焦客户关注的挑战和压力，提供有竞争力的通信解决方案和服务，持续为客户创造最大价值。"为客户服务是华为存在的唯一理由，客户的需求是华为发展的原动力。"

　　此外，华为还积极参与到中国信息化人才的培训工作中，华为认证为全球客户提供专业、权威的网络技术认证。华为认证是国内第一家建立国际规范的完整的网络技术认证体系，也是中国第一个走向国际市场的 IT 厂商认证。华为的认证始终贯彻"关注客户需求，创造客户价值"的理念，认真研究各类客户的培训需求，不断推出有针对性的客户化培训解决方案，以满足广大客户的需求，并通过丰富多样的培训服务，支持客户技能的持续提升。

第四节　渐进式国际化

不同民企采用不同的模式参与到全球经济中，比较著名的有海尔的"占据制高点"模式、联想的"蛇吞象"模式、TCL 的"品牌共享"模式等，然而最有代表性的是"渐进式"模式，例如华为的国际化。

长江商学院院长项兵曾说："中国企业中，只有华为一家是同时在国际主流产品和国际主流市场上与国际一流企业展开竞争的。因此，华为国际化的难度也是所有国内企业中最大的。"然而，华为面对这"最大的难度"却取得了成功。

在电信市场领域，北美和西欧这两个高端市场占据了全部市场份额的 70% 以上，90% 以上的国际一流运营商都集中在这两大区域。对于希望走向世界级的华为来说，低端市场的的确确是难啃的"骨头"。以华为今天的规模和预期的成长，不能也不可能仅仅依靠低层次市场长期生存。

一些国际上老牌的电信运营商对于设备商的准入门槛很高，对品牌的要求很高，英国电信便是其中的典型。从 2002 年开始，英国电信对华为进行了长达两年的认证，然后华为才进入其"符合资格的供应商短名单"当中，从而才有资格进入英国电信的招标程序。可以看出，要想进入欧美市场，必须有一个国际化的品牌。

在树立国际化品牌的途径方面，麦肯锡公司的研究是两种方法：一种方法是循序渐进式的，即通过独立经销商在海外打折销售中国产品；另一种方法是短时间内可以见效的，中国企业通过并购获得一个国际品牌使用权，然后再把生产线搬到中国来以降低成本。

任正非的看法是，华为的国际化是一步一步完成的，是通过与一个跨国公司合作，然后再与另一家跨国公司合作推动的。由此可以看出，华为也在借船出海。

在有效进入发展中国家市场后，华为有重点有步骤地积极进入发达国家市场。例如，华为以"和谐共进、优势互补"为原则，与摩托罗拉等成立合资企业，成功地进入美国数据通信市场。而且华为也同 NEC、松下、西门子等成功地建立了合作伙伴关系，为下一步建立区域性产业联盟奠定了良好基础。

华为得到高端运营商的认可，也就是突破传统西方运营商的势力范围已经不易，更为难得的是华为还获得高端运营商最有价值市场的合同，可谓是深入西方巨人的腹地。2008 年，华为无线产品线总裁余承东在接受《人民邮电报》采访时说道："进入全球高端运营商实属不易，能够站稳脚跟并扩大份额更是异常艰难。领先运营商选择新供应商非常谨慎，要求也极为苛刻。我举个沃达丰西班牙的例子吧。"

"从 2003 年开始，我们就积极与沃达丰进行沟通，前后持续了两年多的时间，终于在 2005 年成为沃达丰全球供应商。2006 年 6 月，沃达丰将西班牙子网 30% 份额给华为，这与其说是一个合同不如说是一次'实地验收'。通过了，我们将成为沃达丰真正的伙伴；通不过，就将失去后续机会。经过 9 个月的努力，沃达丰对华为的网络和快速响应给予了很高的评价，并授予华为'沃达丰全球最佳供应商'称号。紧接着，沃达丰把华为在西班牙项目中的份额提升到70%，并把包括马德里和巴塞罗那在内的重要城市的项目给了华为。在后续的几个月，又把希腊、奥地利、冰岛、罗马尼亚等多个国家的项目授予华为。"

在"欧、日、美"这些高端市场，华为在不断地复制类似的故事。2009 年 3 月底，华为成功中标美国电信运营商 Cox Communications，这标志着华为第一次成功打入北美电信运营设备供应市场，并且竞争对手都是非同一般的世界级大鳄。2009 年 1 月 16 日，北欧电信运营商 Telia Sonera 宣布签署两项 4G LTE 商用网络合同，中国华为和瑞典爱立信将在欧洲建设 LTE 移动宽带，成功交付全球首个 LTE/EPC 商用网络，获得的 LTE 商用合同数居全球首位。2009 年，华为全球销售收入 218 亿美元，约合 1491 亿元人民币，增长 19%。

由此可见，相对于国内其他企业来说，华为的国际化路线走得是既稳当又漂亮。

同一时期，在海尔内部，海尔集团首席执行官张瑞敏对于海尔所处的困境有一个非常形象而且悲壮的比喻："海尔目前正处于一个高原区，身处海拔 5000 米，但我们的目标是 8000 米，因为对手都在珠穆朗玛峰上，不仅路还很长，最后能否上去都是问题。正是因为国外对手非常强大，我们原来的有效办法可能都不行了。海尔发力于全球布局，这是一场生死之战，海尔要么通过全球化战略真正地上去，要么就被人家淘汰。"

从 2008 年开始，海尔启动了新一轮的转型，事实证明海尔的转型是成功的。2016 年全球大型家用电器品牌零售数据显示，海尔大型家用电器零售量占全球的 10.3%，位居全球第一，是自 2009 年以来海尔第 8 次蝉联全球第一，同时冰箱、洗衣机、酒柜、冷柜也分别以大幅领先第二名的品牌零售量继续蝉联全球第一。

幸运的是，华为的发展从 2010 年开始一路走高，2010 年华为超越了诺基亚－西门子和阿尔卡特－朗讯，成为全球仅次于爱立信的第二大通信设备制造商。全球部署超过 80 个 SingleRAN 商用网络，其中 28 个已商用发布或即将发布 LTE/EPC 业务。在英国成立安全认证中心，与中国工业和信息化部签署节能自愿协议，加入联合国世界宽带委员会。

2014 年是华为登顶的一年。在这一年，华为在全球 9 个国家建立 5G 创新研究中心；承建全球 186 个 400G 核心路由器商用网络，帮助全球客户应对大数据流量的挑战；为全球客户建设 480 多个数据中心，其中 160 多个云数据中心；全球研发中心总数达到 16 个，联合创新中心共 28 个；在全球加入 177 个标准组织和开源组织，在其中担任 183 个重要职位；华为智能手机发货量超过 7500 万台。2015 年 3 月，华为发布 2014 年年报，显示 2014 年华为的运营商业务首次实现了对行业领头羊爱立信的超越，成为全球最大的电信基础设施供应商。尤其在中国市场，其运营商业务受益于中国移动的TD-LTE网络建设，收入同比增长达到22%。

爱立信，1876年成立于瑞典首都斯德哥尔摩，是全球领先的通信解决方案服务商，也是一家不折不扣的"百年老店"。在华为之前，应该没有企业能撼动爱立信的霸主地位。2013年，华为首次在营业收入规模上超过了爱立信，2014年华为的运营商业务首次实现了对爱立信的超越，爱立信的领导地位瞬间改变了。2016年7月，爱立信总裁卫翰斯卸任。有国外媒体称，他是被任正非干掉的第四任爱立信总裁。

根据世界知识产权组织公布的数据，从2014年开始，在全球企业专利申请排名方面，华为连续几年位居榜首。

2015年，华为LTE已进入140多个城市，成功部署400多张LTE商用网络和180多张EPC商用网络。光传送领域，华为与欧洲运营商共同建设了全球首张IT OTN网络，与英国电信合作完成业界最高速率3Tbps光传输现网测试。智能手机发货超1亿台。华为在全球智能手机市场稳居全球前三，在中国市场份额位居首位。华为在东莞松山湖基地启动了全球认证检测中心（GCTC）新实验楼绿色建筑试点。同年，华为在印度开设了新研发园区，将园区的容纳人数从之前的2500人提高到5000人。

2017年11月，华为"心声社区"发表了一篇《任正非在公司愿景与使命研讨会上的讲话》，透露了华为新一年的战略方向。任正非在讲话中提到，华为立志以数字世界面向客户，把数字世界带给每个人、每个家庭、每个组织，构建万物互联的智能世界。

华为轮值 CEO 胡厚崑发表 2018 年新年献词，宣布华为"三十而立"的新蓝图：构建万物互联的智能世界。一切为构建万物互联的智能世界服务，显然，华为正把 5G 阵地争夺战作为实现这一战略的突破口。

2017 年，华为 5G 预商用系统已进入全球多个信息产业发达国家，在伦敦、柏林、北京、上海、东京、米兰、迪拜、温哥华、多伦多、首尔等 10 个核心城市与全球各区域最领先的运营商如英国电信、德国电信、中国移动、中国电信、中国联通、沃达丰、Etisalat、LGU+、Telus、Bell 等实现了 5G 预商用网络部署。

2018 年，华为将推出面向规模商用的全套 5G 网络设备解决方案，支持全球运营商部署 5G 网络，让移动互联网再上一个新台阶，开启万物互联时代，承担起各行各业数字化的历史使命。

是什么决定了华为国际化的指导方针？是华为从价值链中低端向价值链高端迈进的国际环境现实。走出去的产业，并非一定遵循"雁阵理论"，那是美国与日本等发达国家的国际化路径。深圳更多高科技产业走出去，形成了深圳高科技产业的国际产业链，由此形成了高科技产业的国际分工。从这个角度看，华为国际化为全球企业国际化道路创造了新的模式和典型案例，挑战了现有西方理论。在进入国际市场时，华为面对处于产业链和价值链上游的强大竞争对手，其指导方针只能是：战略上树品牌，策略上广合作，业务上挖掘客户需求，路径则是渐进式国际化。华为走的是渐进式国际化路线，在首先进入发展中国家市场后，华为有重点、有步骤地进入发达国家市场，再逐步走向高端市场；从运营商业务切入，再逐步拓展到企业业务和消费者终端市场；技术方面是从 3G 跟随到 4G 逐步领先，再到 5G 实现跨越式发展。

过去技术落后的中国，竟然在 5G 领域有希望实现"弯道超车"，这是多么振奋人心的消息，但这正是华为持续 30 年的研发投入和技术沉淀才取得的惊人成就。

不要停留在过去　擅与竞争对手合作

中国有诗云，"江山代有才人出，各领风骚数百年。"的确，任正非制定了最为有效的战略，让华为成长为一家全球领先的企业，这证明了他的巨大影响力和远见卓识。在本文里，大卫·德克莱默[1]和田涛[2]探讨了帮助华为取得巨大成功的七大领导力启示。

中欧关系源远流长。自中国成为全球第二大经济体以来，中欧相继采取了一系列商业举措，将双边关系推向了一个新的高度。特别值得一提的是一带一路（丝绸之路经济带和21世纪海上丝绸之路）倡议。该倡议包括了一系列外交举措以及自由贸易区的建立，受到了外界的广泛关注。越来越多的中国企业开始在欧洲投资并收购当地企业，其中有一家企业在欧洲尤为活跃，它就是中国电信巨头华为。

---

[1] 大卫·德克莱默：英国剑桥大学贾吉商学院管理学毕马威教席教授、中国温州大学荣誉教授和中国浙江大学睿华创新管理研究所研究员。移民英国前曾担任中欧国际工商学院管理学教授。著有《积极的领导力：如何克服拖延症，成为大胆的决策者》(Pro-active Leadership: How to overcome procrastination and be a bold decision-maker) 一书。

[2] 田涛：浙江大学睿华创新管理研究所联席所长。著有《下一个倒下的会不会是华为》一书，是《投资与合作》(Top Capital) 杂志的创始人和主编。

　　早在 2012年，华为公司的销售收入和净利润就超过了爱立信，成为全球领导者，但在欧洲商业圈却鲜为人知，这听起来也许让人难以置信。事实上，华为 2014年和 2015年在欧洲市场非常活跃，与多家欧洲企业建立了合作伙伴关系，聚焦安全领域的云存储和手机应用等。该公司的创始人任正非甚至视欧洲为公司的第二个本土市场。

　　华为于 1987年成立于中国经济特区深圳。在成立之初，华为，作为一家私营企业，不得不与当时垄断市场的国有企业竞争。但是，华为奋斗拼搏的精神成功抵御了各种负面影响，成为唯一一家名副其实的全球化中国公司。目前，在 91家跻身《财富》世界 500强的中国大陆企业中，华为是唯一一家海外收入超过国内收入的中国企业，其海外

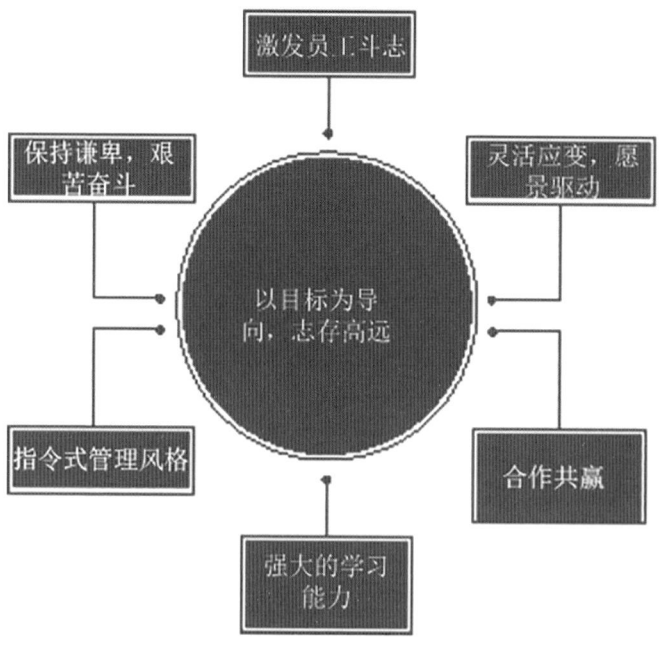

华为成功的七大领导力启示

收入占总收入的 67%。事实上，公司现在变得越来越强大。2014年，华为销售收入再创新高，达到 2881.97亿人民币（约合 465.15亿美元），净利润达到 278.66亿人民币（约合 44.9亿美元）。

华为这家中国企业巨头，在国际舞台上大放异彩，取得了骄人成绩，人们不禁要问：华为商业成功背后的哲学及其驱动力是什么？很多人会说，是因为任正非为华为绘制了成功蓝图。现在华为实行轮值CEO制度，由三位董事会成员轮流担任 CEO，每届任期 6个月。即便如此，华为创始人对华为发展节奏和方向仍有巨大的影响。根据对华为员工、华为高管以及任正非本人的访谈，笔者总结了华为成功的七大领导力启示（见上图）。

1. 以目标为导向，志存高远

毫无疑问，任正非领导力的核心在于他非常清楚华为的目标——成就客户梦想。任正非也确实身体力行，满怀激情地追寻这一目标，因此，华为也就成为任正非天生的使命。他总是想方设法为客户创造价值，通过一个个故事，不断向员工传递一个理念：华为员工应致力于实现公司使命，即提供通信技术实现连接。

要成就客户梦想，就需要提供最好的服务，这也是公司取得成功的关键。在华为成立之初，华为产品不如竞争对手，这一点任正非心知肚明，因此，他另辟蹊径吸引客户。他认为，只有提供优质服务，才能吸引客户。例如，由于早期华为的设备经常出问题，华为的技术人员就经常利用晚上客户设备不使用的时间段，去客户的机房里维修设备，并且对于客户提出的问题，华为是 24小时随时响应。这种做法跟与西方公司有很大的不同。西方公司有好的技术和好的设备，但却忽略了服务。华为的优质服务为公司赢得了真正关心客户需求这一美誉，并同时让华为赢得了竞争优势。再如在沙漠地带和农村地区老鼠很多，经常会钻进机柜将电线咬断，客户的网络连接因此中断。当时，在华的跨国企业都对此不屑，认为这不是他们的问题，而是客户的问题，他们认为只需为客户提供技术。而华为却不这么认为，在设备外增加了防鼠网，帮助客户解决了这一问题，华为也认为自己有责任去这么做。得益于这一目标驱动战略，华为在开发耐用设备和材料方面获得了丰富经验，后来也因此在中东地区赢得多个大客户。

2.灵活应变，愿景驱动

任正非充满激情，努力将公司目标转化成公司愿景，将华为发展成为国际领先企业。在实现公司愿景的过程中，他不断证明了自己的战略规划能力，根据公司面临的挑战适当调整愿景。他的管理有一点至关重要：虽然他推崇灵活应变的理念，但是从来不会偏离公司的目标和价值观。这种领导能力源自他积极主动的态度。他总是关注未来，很少停留在过去。谈及华为创始人的战略规划，人们总会说：任正非总是展望十年后华为会变成什么样子。例如，华为通常以十年为周期制定发展规划，而爱立信和摩托罗拉等竞争对手通常按财季或财年制定发展规划。

任正非能用批判的眼光审视过去的成功，同时识别未来十年将面临的挑战，这也是为什么任正非在很多国人眼中是一位颇具影响力的商业领袖。中国有诗云："江山代有才人出，各领风骚数百年。"的确，任正非制定了最为有效的战略，带领华为通过三个阶段（每个阶段约为十年）的发展，让华为成长为一家全球领先的企业，这证明了他的巨大影响力和远见卓识。有意思的是，华为在每个发展阶段都会有特定的关注点和战略。

任正非称在第一个发展阶段(1987年～1997年)，华为处于创业初期，公司一片混沌，力图生存下来。要想提供高质量服务，只能靠艰苦奋斗。在第二个发展阶段(1997年～2007年)，华为与IBM合作，建立了自己的管理架构。用任正非的话说："混乱得以消除，秩序得以确立。"通过与IBM合作，华为学习西方公司的最佳做法，引入了更加全球化的视角。任正非对此有着清晰的认识，因此他要求华为全体员工在工作中采用IBM的美式实践。他不断向员工口头传达这一要求，称有时需要"削足适履"。他认为，在第二阶段，要穿美国鞋，如果不合脚，就要"削足适履"。可以看出，任正非的全球抱负依然是生存与发展。在第三阶段，即2007年以后，华为的战略是简化管理，吸引优秀人才，通过有效创新成就客户梦想。任正非担心第二阶段的模式会导致决策不够高效。与第一个混乱的阶段相比，在第二阶段决策周期更长；有人担心，华为会失去创新的魄力和勇气。因此，第三阶段聚焦简化管理，在结构化的管理框架下允许一些混乱，从而激发创新。

3. 激发员工斗志

要打造一支甘于艰苦奋斗的员工队伍，就需要激发员工斗志。任正非能够激发他人斗志，这也是他一直被称道的人格特质。任正非特别爱讲故事，他经常通过一个个故事，慷慨激昂地向员工传递他的理念。在华为早期（第一阶段），任正非经常给员工讲故事。他相信，20年后，世界通信市场三分天下，华为必有其一。当时，华为仅有200名员工，很多人都觉得他是痴人说梦。尽管如此，多年来，任正非一直秉持这一信念并在各种场合向员工传递。这个故事常常被人津津乐道，华为成立第五年的时候，任正非在厨房和厨师给员工做饭，中间他突然冲出厨房，大声宣布：20年后，世界通信市场三分天下，华为有其一！

醉翁之意不在酒，他的故事之道在于：让员工充满斗志地投入到项目中去。特别是在公司创业初期，他运用这一战略，成为员工的思想导师和领袖。作为一位领袖，他不断传递公司愿景；作为一位思想导师，他引领员工朝目标迈进。例如，在创业初期，华为产品开发不尽如人意，任正非便亲自访问了很多海外研发机构。1997年，他访问了美国贝尔实验室。据说，任正非当时对贝尔实验室的工作成果惊叹不已，竟然感动得哭了。回到深圳后，任正非告诉所有员工：他已经深深地爱上了贝尔实验室！这一激昂陈词旨在鼓舞员工，让华为研发人员坚信，他们终有一天会超越贝尔实验室的研究人员！

4. 保持谦卑，艰苦奋斗

任正非在引领华为追求梦想时，他非常清楚自己的不足，他从不认为自己无所不知。在谈到他所具备的才能和特质时，他总是强调：他的知识并不是最丰富的。很显然，他拥有远大抱负和很强的执行力，但同时保有谦卑的心态。尽管他的这种领导风格激励了很多人，引领公司度过了转型期，但他还是经常讲：自己能力有限，在团结员工这方面可能不如很多人认为的那样好。他总是避免被扣上"传奇领袖"的帽子，而是强调没有艰苦奋斗，就没有华为的成功。

同样，任正非不是一个技术专家，这早在华为成立之初就是尽人皆知的事实。但他从不认为这是劣势。相反，他认为这恰恰是他的优势，因为他坚信，他的组织才能加上其他高管和员工的 IT 背景，定能创造奇迹。任正非曾说过："我不懂技术，不过我可以让大家朝着共同的目标努力。"他取长补短，求贤若渴，逐步提高华为产品和服务质量，由此赢得广泛赞誉。

责任共担、利益共享是华为的一项基本理念。截至 2014年 12月 31日，任正非个人仅持有华为 1.4%的股份，其余的由 82471名员工持有 (数据来源：《华为 2014年年报》)，这是华为与员工分享利益的最好例证。这种激励机制能够激发每个员工艰苦奋斗，共同帮助公司取得成功；更重要的是，它确保了华为是一家真正由员工持有的公司。

5. 指令式管理风格

在中国，领导体制往往具有自上而下、等级分明的特点，华为大致上也沿袭了这种风格。但与这种十分强调"控制"的管理风格相比，任正非的领导风格呈现出不同特点。一方面，任正非大小决策必须亲力亲为，这也许与他曾经在军队服役有关。他严肃,有着强大的意志力，时刻把握决策权，在华为发展之初，他的意志力体现在坚持把奋斗和生存当做公司首要战略。当时华为的口号是："胜则举杯相庆，败则拼死相救。"

但在决策执行上，任正非给了员工很大的自由空间。在华为发展的早期，在公司的发展战略、文化建设等重大决策方面，任正非坚持"大权独揽，小权分散"，但在研发、干部任用、薪酬分配等方面却充分放权，这既最大限度地激发了各层管理者的主动性与创造性，也带来了很大的随意性和一些混乱；向西方全面学习了近 20 年的华为，今天在决策体系上越来越规范化和制度化，集体决策确保了华为较少地犯错误，更广泛地吸收集体智慧，但僵化的一面也凸显了出来，因此，任正非在华为高层决策过程中，有时更像"鲶鱼"，总是搅起不平衡，以激发组织的活力。华为今天的决策体制形成了一种"有限民主 + 适度集权"的风格，既避免了个人独裁带来的"一人兴邦，一人丧邦"的积弊，也防止了过度民主带来的效率低下、集体不作为现象。

6. 合作共赢

与竞争对手合作是华为文化的一大特点。一般来说，公司要么选择进攻，要么选择妥协；换句话说，要么竞争，要么合作。在华为发展的前 20 年，华为为了生存、成为更好的服务提供商，主要采取主动出击的策略。很显然，任正非当时认为竞争可以推动公司向前发展。不过，他认为竞争的核心是尊重竞争对手。

华为采用"竞合"策略是受到英格兰光荣革命的启示。1688 年，奥兰治亲王威廉推翻英格兰詹姆士二世的统治，这场无血革命给任正非留下了深刻的印象，让他意识到合作也可以取得胜利。任正非对历史事件有着浓厚的兴趣。在华为发展早期，华为会定期邀请东西方学者，一起探讨各国历史。

华为在英国也同样采取了竞合策略。例如，华为在英国班伯里成立网络安全认证中心，确保设备质量，并与英国信号情报机构英国政府通信总部 (GCHQ)进行合作，保证网络设备和软件安全可靠。华为的这些举措旨在让英国政府和广大客户相信华为和华为的流程。实际上,华为之所以能在欧洲发展壮大,除了其坚持以服务为中心的理念(详见"以目标为导向，志存高远"部分)外，在一定程度上也要归功于其竞合战略。起初，欧盟官员确实想针对华为产品发起反倾销调查。但爱立信和诺基亚相信华为不存在倾销行为，鼎力支持华为。

7. 强大的学习能力

作为一个领袖，任正非坚持自我批判、慎思笃行。他有一句话常被引用：思考能力是最重要的。他所说的思考能力不单单是指人的一项重要能力，还是华为文化的精髓。他认为员工智慧是华为最珍贵的资产。通过思考，我们可以连点成线，制定灵活的愿景和战略。任正非坚信，只有具备大视野，才能作出明智的战略决策。

有趣的是，这种战略需要将思考能力与全员学习结合起来。华为大力投资营造良好的学习氛围，鼓励员工进行思想碰撞。如前文所述，以史为鉴，可以引导我们采取行动，树立信念，创造未来。同时还要确保公司内部能实现知识共享。华为鼓励高管除了阅读专业书籍外，还要阅读专业领域以外的书籍。此外，华为还设有面向全球华为员工的内部论坛——心声社区。任正非和其他高管的想法经常会放在心声社区，让15万员工去评头论足。例如2014年，公司有个关于奖金的决定，遭到了7万多人次的批评。任正非和其他高管经常会在"心声社区"

接受员工激烈的批评。

从以上七点看，这是否意味着任正非只是一位思想领袖？因为他的管理哲学一直强调思想的力量。我们认为其实并不仅仅是这样。虽然任正非在华为推崇不断学习、自我批判，但他始终以创始人的身份满怀激情地引领公司不断发展。在华为员工看来，任正非是一位以行践言的卓越领袖。他坚持持续学习、不断获取新信息，力争把华为发展成行业最好的技术公司，为客户提供最卓越的服务。

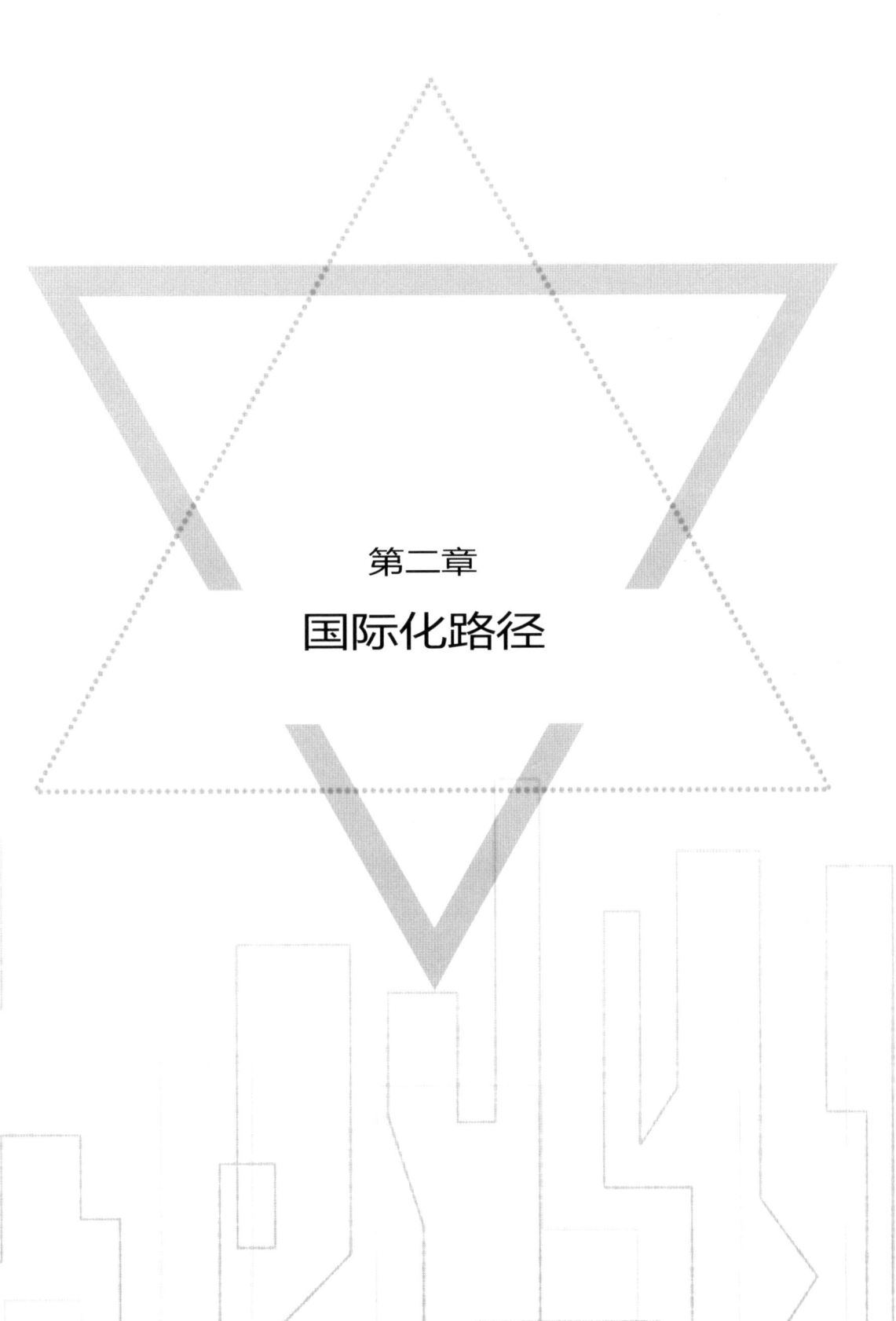

第二章

国际化路径

　　进入 21 世纪以来，中国企业的跨国经营得到了长足的发展。在打造国际知名跨国企业的愿景下，一些中国企业开始了令人眼花缭乱的国际化经营。海尔不动声色地选择了内部成长方式，在海外建立生产基地、市场与研发网络；格兰仕将自己变成全球微波炉贴牌生产车间，非自有品牌市场占有率达到全球第一；美的、长虹通过战略合作，借助联盟的力量拓展市场。

　　华为开拓国际市场，还是沿用国内市场所采用的"农村包围城市"的先易后难策略。为何选择"农村包围城市"的战略呢？从技术水平看，创业不久的华为还难以与国际一流企业在发达国家市场竞争；从政治关系上看，南南合作成本低于南北合作；从企业战略看，华为产品和模式的直接推广有利于资本积累，符合华为"生存是底线"的思想。

　　华为凭借低价优势进入发展中国家，这能规避发达国家准入门槛的种种限制，而且海外大的电信公司难以在发展中国家与华为"血拼"价格。在发展中国家打出名气之后，再进入欧洲国家、日本、美国等发达国家和地区抢占高端市场，这一国际化路径的选择，让华为国际化经营取得了非常显著的效果。

第一节　进入香港市场

进入 21 世纪以来，中国企业的跨国经营得到了长足的发展。这一点从复旦大学管理学院和美国 Vale 哥伦比亚可持续投资研究中心发布的"2009 年中国跨国公司排行榜"上得到了印证。

埃森哲大中华区主席李纲表示："在经济全球化的今天，企业跨国经营已经成为一种常态，据专家分析，在未来的发展中，全球化趋势还会加剧，如中国这样的新兴经济体会出现更多有影响力的跨国公司。具有几千年文明的中国，商人进行国际贸易具有悠久的历史，闻名遐迩的'丝绸之路'就是中国古代商人开拓西方市场的重要通道，它也见证了中国人宽广的商业视野。可以把中国古代商人同周边及更远国家的贸易往来看作是现代跨国经营的一种雏形。中国 6000 余家海外投资企业分布于 160 多个国家和地区，遍布世界五大洲，从总体来看，海外投资的区域分布正日趋多元化。"

中国企业逐渐实现国际化，将是未来中国经济保持进一步发展的重要因素。对于中国企业而言，国际化不是目的，而是企业发展到一定阶段的必然产物，所以企业家在走出去之前，必须审慎地考量自身，只有勇气与眼光同在、信心与实力并存，才是迈向成功的基础。

正是由于竞争对手已经占领了最好的市场，因此，从低成本进入的角度看，华为进入国际市场的路径，必然是从被竞争对手边缘化的细分市场进入。因此，从熟悉的香港进入，然后进入欧洲国家和日本市场，最后进入最强竞争对手所在的北美地区，就容易理解了。早在 1995 年，华为进出口部就开始在香港筹建分公司——香港华为，专门负责华为的国际供应链业务，包括解决当时令人十分头疼的外汇结算问题。

1996 年，距离香港回归还有一年的时间，"一国两制"已经是大势所趋，香港企业与内地的关系也开始逐渐紧密。具有高度战略思维的华人首富李嘉诚当然不会错失这个拉近与内地政府关系的大好机会。恰逢当时李嘉诚旗下的和记电信作为香港的第二大电信运营商，正面临与香港电信行业的垄断者香港电信的激烈竞争。并且当时，和记电信刚获得固定电话运营牌照，需要在短期内实现移机不改号的业务，限定的时间只有短短 3 个月。而和记电信在欧洲所能找到的设备供应商，完成该项目最快的也需要 6 个月，且价格昂贵。时间一天天逼近，就在和记电信眼看该项目将变成不可能的任务时，有人推荐了华为。

用了不到 3 个月的时间，华为顺利地完成了项目，与国际一流产品相比，除了价格上的优势，华为在提供新的电信业务生成环境的灵活性上深得和记电信喜爱。华为提供的设备可以放在楼梯间里，适应了香港人多地少的特点。此项目的迅速完工成功地帮助和记电信在与香港电信的竞争中取得差异化优势，反过来，和记电信在产品质量、服务等方面近乎苛刻的要求，也为华为日后进军国际市场进行了一次大练兵。

第二节　农村包围城市，先易后难

2007 年，国内曾经出现过一次"国际化路径"之争。有人认为，中国企业的国际化应该学海尔，走"先难后易"道路，认为只要把美国这块最难啃的骨头啃下来，其他市场则迎刃而解。有人认为，中国企业国际化应该学 TCL，走"先易后难"道路，从发展中国家做起，积累经验再进入发达国家。现在回过头来看，这个争论实际上毫无意义。因为，如果企业不建立属于自己的核心竞争力，从什么样的市场做起都难保成功。

在华为的国际市场战略中，有很多都是借鉴其在国内市场的成功经验而制定的。因为中国是世界上最大的通信市场，也是竞争最激烈的国际市场。世界上所有的通信巨头都活跃在中国市场，而且还曾经垄断过中国市场，也就是业内所说的"七国八制"。"中国的电信市场规模巨大，而且一开始面对的就是强大的国际竞争对手，可以说竞争非常激烈。所以，在中国市场的摸爬滚打为华为走向国际市场提供了难得的经验。"1996 年就开始在俄罗斯拓展市场的华为常务副总裁费敏回忆说。

华为开拓国际市场，还是沿用国内市场所采用的"农村包围城市"的先易后难策略。华为凭借低价优势进入大的发展中国家，这能规避发达国家准入门槛的种种限制，而且海外大的电信公司难以在发展中国家与华为"血拼"价格。华为国内的竞争队友中兴公司总裁殷一民认为，新兴市场的通信业保持高速发展，进军海外市场，新兴市场是一个很好的切入点，由于电信业是一个标准化很高的行业，新兴市场基础网络设施建设比较差，还没有形成稳定的管理系统，门槛比发达国家低。

华为首先打入亚太、非洲和拉美一些发展中国家，这和当时华为的技术水平是相吻合的。这些新兴市场电话普及率低，进入门槛低，同时也是许多大公司忽略的地方。这些市场同中国初期发展的电信市场有相似之处，这使得华为在中国市场积累的丰富经验有了用武之地。

华为人力资源副总裁吴建国介绍道："华为开始考虑海外市场的开拓，重点是市场规模相对较大的俄罗斯和南美地区。以俄罗斯为例，1997 年 4 月华为就在当地建立了合资公司（贝托 - 华为，由俄罗斯贝托康采恩、俄罗斯电信公司和华为三家合资成立），以本地化模式开拓市场。2001 年，在俄罗斯市场销售额超过 1 亿美元，2003 年在独联体国家的销售额超过 3 亿美元，位居独联体市场国际大型设备供应商的前列。南美市场的开拓并不顺利，1997 年就在巴西建立了合资企业，但由于南美地区经济环境的持续恶化以及北美电信巨头长期形成的稳定市场地位，一直到 2003 年，华为在南美地区的销售额还不到 1 亿美元。"

"2000 年之后，华为开始在其他地区全面拓展，包括泰国、新加坡、马来西亚等东南亚市场，以及中东、非洲等区域市场。特别是在华人比较集中的泰国市场，华为连续获得较大的移动智慧网订单。此外，在相对比较发达的地区，如沙特、南非等也取得了良好的销售业绩。"

在发展中国家的连战告捷，使华为信心倍增。进入 1999 年后，华为全线产品都得到了很大的提升。然而原来根本不把华为看在眼里的跨国巨头们，这时慢慢地感觉到华为将给他们带来威胁，对华为公司进行一些战略上的遏制和经济上的遏制，来压制华为公司在各国市场的发展。不过，对于华为来说，这样的打压根本无法阻止它前进的步伐。2001 年，任正非说道："我们在应该出击时出击，一切优秀的儿女，都要英勇奋斗，决不屈服去争取胜利。"

这一年，华为的产品几乎是遍地开花。但华为的海外市场主要集中在市场环境相对不成熟的亚非拉等欠发达国家和地区，而对于利润更加丰厚的发达国家市场却涉猎较少。这也导致了通信设备制造商在走出去过程中会遇到较大的外部环境风险，从而导致效益的大起大落。通信设备制造商也认识到了这一点。

华为从电信发展较为薄弱的国家入手，逐渐向电信业发达的地域进军，循序渐进，厉兵秣马，卧薪尝胆，投入近十年的人力物力和财力，厚积薄发，终于赢得了海外市场的成功。其国际化之路是这样的：1997 年进入俄罗斯，1998 年进入印度，2000 年进入中东和非洲，2001 年迅速扩大到东南亚和欧洲等 40 多个国家和地区，2002 年进入美国。从 2003 年开始，华为的名字与越来越多的国际主流运营商紧密联系在一起。英国电信（BT）就是通过两年多时间的认证，才将华为作为其核心的产品供应商。

第三节　强势切入欧洲市场

面对激烈的市场竞争，华为和中兴早已不约而同选择了国际化来抵抗风险。这两家企业主要的海外市场在发展中国家，这好比是一片流沙区。发展中国家国民在电信消费上的人均开支不高，运营商普遍财务状况不好。和发展中国家运营商签的单子越大，越不知道什么时候才能把卖设备的货款收回来。因此，不论是中兴还是华为，都不能在发展中国家市场的圈子里耗费太多时间。

"电信产品不同于家电产品，家电产品卖不掉，白送总有人要。但是电信设备产品送给别人，别人都不会要。因为要改变他们原有的电信网架构。"遥想当年，中兴通讯董事长侯为贵不禁感慨。对于进军欧美市场的艰难，侯为贵就曾指出，由于欧美市场传统供应商与运营商的关系比较牢固，即使拿出比较低的价格，也还是难以马上进入这一市场。对于华为来说，进军欧洲市场也并不是一件易事。

从 21 世纪初开始，华为开始将目光转向了欧美市场，因为这不仅是一块成熟的市场，占全球市场的份额比较大，而且也是各大通信巨头们的传统势力范围。

在西欧市场，从 2001 年开始，以 10GSDH 光网络产品进入德国为起点，通过与当地著名代理商合作，华为产品成功进入德国、法国、西班牙、英国等发达国家。华为认为最难啃的骨头是北美市场，它既是全球最大的电信设备市场，也是思科等跨国巨头的老巢。华为生产的无线、NGN、数据通信、光网络产品在北美已经实现销售，但进展相对迟缓。

华为成功进军欧洲是有一定历史背景的。2003 年思科通过一场知识产权官司将华为逐出了美国市场。正所谓"失之东隅，收之桑榆"，华为转而集中精力主攻欧洲市场，并在随后两年先后突破了 BT、沃达丰、法国电信等欧洲"大 T"，将欧洲变成了自己的"产粮区"。

有意思的是，华为与同城兄弟中兴通讯在国际市场上似乎一直是同进同出。华为与中兴通讯在国际化最开始都是在亚非拉获得了较大发展。在借鉴了华为在美国的挫败经历，经过对欧美市场较长时间的研究后，中兴认为，当时强攻美国市场并不是最佳办法。而在欧洲市场，中兴通讯已初获战果。2003 年 8 月，中兴通讯和罗马尼亚邮政电信公司（Postelecom）合作，在罗马尼亚构建了世界上第一个全国性的下一代网络。

华为与西门子于 2003 年 12 月签署合作协议，在全球企业网市场，华为将只通过西门子销售华为的 QUIDWAY 路由器和交换机等网络基础产品。作为回报，西门子将逐年扩大华为数据通信产品在欧洲市场的销量。

2004 年 2 月的一天，华为总部意外地接到了奥运会承办方的电话，点名要华为为即将召开的雅典奥运会提供全套的 GSM 设备系统。并且对方表示，立即支付 900 万美元的订金。

一向把竞标程序设定得极为严格烦琐的奥运会承办方，这次竟如此"化繁为简"，直点华为，一时让业界对华为刮目相看。

华为抓住良好的契机，紧紧围绕客户需求，提供符合目标客

户实际需求和资源限制的定制技术，夺取更大市场份额。同样是在
2004 年，华为在欧洲市场赢得了一位重要客户——总部设在阿姆斯
特丹的移动电信服务商泰尔弗公司。泰尔弗不具备沃达丰和法国电
信等大型运营商的财务实力，又希望能与爱立信和阿尔卡特 – 朗讯
等知名设备供应商相抗衡，因此愿意在华为产品上下注。华为展现
出谦和的姿态，悉心听取泰尔弗方面的要求，为客户提出的各种需
求找到智能解决方案。通过与泰尔弗的密切合作，华为制造出了一
种较传统基站成本更低、运行耗能更少的分布式基站。华为还打破
了业界仅在周一到周五的上班时间提供服务的常规，承诺提供每周
7 天、每天 24 小时的全天候服务。

　　为了更好地服务欧洲客户，2004 年 3 月 25 日，华为在英国东
南部的 Basingstoke 市设立了欧洲地区总部。这是华为在海外最大的
机构之一，也是英国收到的来自中国企业的最大一笔外来投资。英
国《泰晤士报》的权威评论称，此举是中国企业走向国际化的一个
重要标志。对华为自身来说，此举标志着华为海外拓展的重点逐渐
从亚非拉发展中国家转向梦寐以求的欧美主流高端市场。

　　2004 年 7 月，思科华为案的平局，让之前默默无闻的华为以此
为跳板，纵身一跃进入全球瞩目的视野，从而获得了其在国际市场
上合法驰骋的身份。

　　2005 年，在每年一度的由伦敦出口协会及 48 集团俱乐部（前
身为英中贸易 48 家集团）联合举办的庆祝中国新年晚会上，华为作
为中国电信市场最大的电信设备供应商及全球电信市场快速增长的
供应商，获得了最佳中国投资者年度大奖。该活动是英国的一大年

度盛事，目的是庆祝中国农历新年及继续加强发展中英两国的关系。

在经过长达两年，对全球 300 多家设备供应商进行了综合考察后，欧洲电信巨头英国电信宣布了其 "21 世纪网络" 项目的 8 家入围优先供应商名单，华为位列其中，将为这个总投资超过 190 亿美元的划时代项目提供接入和光传输设备。而为了赢得这个订单，华为在两年的考察期内从技术创新、管理水平、服务质量、企业文化等方面都做出了重大改善和提升。

2004 年华为的海外收入占总收入的 41%；2005 年上半年对于华为来说无疑具有里程碑意义，在这半年，华为实现全球销售额 330 亿人民币，其中海外销售达 24.7 亿美元，占销售总额的 61%，并已超过 2004 年全年的国际市场销售额；2006 年华为的海外收入占比亦达 60% 以上，华为对国际市场的期望值越来越高，依赖性越来越大。

华为在国际市场咄咄逼人的气势，令海外跨国通信制造商已经不敢轻视这个来自发展中国家的通信制造业的 "排头兵"。思科、富士通状告华为的事例则从另一层面证明了这个说法。

2009 年 3 月 20 日，英国《金融时报》向华为颁发了 "业务新锐奖"（FTB oldnessin Business award），以表彰其在电信新兴市场所取得的成绩和做出的贡献。华为一直以来致力于为电信新兴市场提供定制化的网络解决方案，此次获奖也是业界对于华为在该领域领导者形象的又一次认可。

第四节　牵手欧洲主流运营商

2006 年，华为即与欧洲无线通信企业、全球最大移动通信运营商沃达丰签订 3G 手机战略合作协议，在未来五年内为沃达丰运营的 21 个国家提供沃达丰自有品牌 WCDMA 手机；华为也参与了沃达丰西班牙、希腊、匈牙利及罗马尼亚无线网络及其他子网核心网及骨干网建设，并与沃达丰携手 LTE（第四代网络技术）开发研究。华为无线产品线总裁万飚称，全球金融市场动荡，资金链紧张，运营商们不得不面对网络升级扩容与利润下降的矛盾，运营商对交付成本格外敏感，因此需要成本更低、技术更先进、运维更便捷的移动网络解决方案，而这也正是华为优势所在。

从英国电信到沃达丰，这些要求非常苛刻的 Tier One（一流电信运营商）不仅将华为列入了他们最核心的供应商短名单（Short List）当中，而且已经开始向华为下达实质性的订单了。西欧运营商的态度开始向华为倾斜。

2007 年 12 月 24 日，华为无线接入网中标运营商 O2。这意味着，华为核心通信设备进入了欧洲所有主流运营商，而进入欧洲所有主流运营商，在过去的华为看来是一个"梦想"。从 2001 年华为踏上欧洲市场那天起，华为便朝着这个"梦想"一次次发起攻击，时隔七年华为最终达成这个目标。而此前，欧洲电信设备市场长期以来都为爱立信、阿尔卡特 - 朗讯等移动设备供应商所占据。

高速增长的 WCDMA 市场，让欧洲市场成为华为收入的"高产区"。华为欧洲地区营销部长周明成在接受欧洲媒体采访时表示，华为 2007 年在欧洲市场实现销售收入 20 亿美元，2006 年为 7.7 亿美元。Informa 分析师指出，华为在欧洲市场的收入大幅增长的重要原因在于 WCDMA，在欧洲、亚太、拉美等 WCDMA 快速增长市场——同时也是爱立信和诺基亚西门子的传统优势市场，华为已经从这两家厂商手里争夺到了不少市场份额。华为认为欧洲是全球最大的通信设备市场之一，对华为具有十分重要的战略意义，因此华为公司不断加大投资，积极扩大在欧洲的市场份额。

在 3G 时代，电信运营商作为产业链条的主导环节，为了更好地服务用户，正在逐渐由单纯的运营企业向增值运营商转变，也因此，像沃达丰这样的产业巨头开始更多地选择与终端手机厂商合作，加大对终端市场的渗透。2005 年 11 月，华为与沃达丰签署全球框架协议，引起了业界极大反响。沃达丰用了两年时间对华为进行考察。

沃达丰的 CEO 阿伦·萨林曾指出："中国的制造商需要证明：有能力像行业领头羊那样进行卓有成效的创新。"这表明沃达丰最初对华为的顾虑，集中在核心技术的创新能力方面。当沃达丰完成了对华为的系统认证之后，逐步被华为的整体实力所打动。

细节往往更具有说服力，这里介绍一个高速覆盖测试的案例。据《人民邮电报》姚春鸽的记载："沃达丰在欧洲 S 国部署的 WCDMA 网络，覆盖了一条主要的高速铁路，但在高速运动的情况下，网络性能急剧下降，语音呼叫成功率不到 56%，为此沃达丰不得不关闭覆盖高速铁路的基站。2005 年 11 月，沃达丰组织了对华为 WCDMA 网络设备的高速覆盖性能测试，当高速列车经过华为设备部署的网络时，时速达到 250 公里，语音、可视电话、高速上网等业务稳定、流畅，其中语音呼叫成功率高达 99.7%，沃达丰最后的评价是'Very good'。"

"事实上，即使在上海时速 430 公里的磁悬浮列车上，采用华为设备部署的网络仍能提供流畅的移动业务，华为已成功破解了 3G 高速覆盖的技术难题，成为业界唯一通过此类测试的设备供应商。"

在沃达丰项目上，华为终端成立了包括市场、研发、测试、供应链等的跨部门团队与沃达丰合作。团队约有 30 人，背后还有 300 左右的人在支持整个项目。

"华为相关产品在沃达丰的实验室环境和实际商用环境里做了大量的测试。有一点非常难得，在沃达丰实验室里，华为 3G 产品经历了上千例的测试，基本上都是一次性通过。"华为技术人员告诉媒体。双方在 2006 年 2 月 15 日正式签署合作协议：在未来至少 5 年之内，华为将为沃达丰在其运营的 21 个国家市场"独家"定制其自有品牌的手机终端产品，其中包括 2.5G、3G 以及 HSDPA 等多个领域的终端产品。这是沃达丰首次以 ODM 方式与终端厂商的合作。

在欧美发达地区的市场，华为的表现越来越引人瞩目，销售业绩快速增长，尤其是签约沃达丰，更是拿到了通往欧洲主流市场乃至全球市场的通行证，而华为 3G 终端产品为此发挥的"棋子"作用也越来越重要。

2008 年，华为赢得了整个欧洲市场 300 亿美元合同中的 30 亿美元合同，同比增长了 20%，销售对象为"所有主要的运营商"，包括沃达丰集团（Vodafone Group Plc）和西班牙电信公司（Telefonica）。

2009 年，华为全球扩张更进一步：华为与全球最大移动通信运营商沃达丰签署加深双方战略合作伙伴关系的协议。根据协议，在今后沃达丰的全球 3G 采购中，华为将为其提供完整的产品解决方案，并获得优先级的供应权。

2009 年 11 月，据国外媒体报道，沃达丰和华为在意大利米兰设立核心网研发实验室，共同推动核心网络创新以使客户受益。此举标志着双方的合作关系再度加深，同时亦证明华为已迅速成为移动核心网领域的主要力量。

同年，华为的 Android 智能手机在欧洲也引发了一场旋风：在英、德、荷等国同时上市不到一个月，华为自主研发的中国第一款 Android 智能手机就成功斩获超过 10 万台的订单。

2009 年 12 月，北欧市场研究公司 Redeye 分析师格雷格·乔纳森（Greger Johansson）表示："华为此前一直在中国市场占据明显优势，但却难以进入其他市场。不过，在过去的两三年，华为表现得非常强势和积极，他们已经成为爱立信最大的竞争对手。"

随着业务的不断扩展，欧洲市场已经成为华为重要的"产粮区"，尤其是意大利、英国这些成熟市场，更是让华为用硬碰硬的"阵地战"赢得一个又一个大订单。在意大利市场，时任沃达丰意大利子网主任潘杜选择了凭借项目运作稳扎稳打、拼内力，当时客户不熟悉华为，系统部制订客户关系持续拓展计划，6 个月打通了与客户中高层对话的渠道；客户关注投资 TCO，系统部整合资源做了详尽的分析报告，让客户清楚看到投资的节省和 KPI 的改善；客户质疑华为的交付实力，系统部就用半年的时间搭建经验丰富的交付团队并让客户看到组织结构人员名单。最终，客户给了华为一次机会，在西西里岛开一个 Single RAN 实验局。西西里岛位置偏、交付难度大，但潘杜不但高标准、快速组织完成交付，而且通过三层客户沟通机制抓住了客户，让客户对华为的技术、产品性能、商务、交付都再无疑虑，为后期全国无线网中标铺平了道路。无线战略产品在空白的西欧大 T 网络中取得规模突破，也让华为从西西里登陆亚平宁半岛。

2010 年底，在中意两国总理的见证下，华为和意大利沃达丰签署了 5 年的战略合作协议，双方的合作再上新台阶。如何从框架转化为实利？成功带来了又一次的挑战。潘杜组织 CC3 团队，深入分析客户痛点和诉求，提出将城域网现网的单平面以太组网改造成 WDM 波分 +L3 数通的双平面立体组网，方案很快得到客户的认同。尽管友商试图以价格战拖延谈判进程，但华为提出的组网方案凭借优秀的实验局指标和网络稳定性获得客户的认可和支持。最终华为顺利拿下项目，同时签订了一份高质量的合同，在意大利全国战场上高歌猛进。

2011 年，沃达丰集团开始推行 HUB 管理，多国集中运作项目，意大利沃达丰将负责欧洲 5 个国家的项目决策。在 LTE 大环境下，沃达丰下发了针对整个 HUB 的 EPC（4G 核心网络）新项目标书，这是必争的未来制高点。但是在涉及的 5 个国家中，友商优势非常明显，项目的规模和竞争压力跟以前完全不同。潘杜再次带领项目团队，不折不扣，踏实做好每一个细节，去感动客户，获得客户的坚定支持。通过多轮的酣战，华为再次实现了又一个核心领域的重大突破，也是在沃达丰集团的第一次 EPC 规模突破。

天道酬勤。在意大利这样的高端市场，成功绝非侥幸，而潘杜的努力最终让客户无可挑剔。在一次高层峰会上，沃达丰 CTO 给予华为这样的评价："我们对华为产品表现出来的优异性能满意，我对你们的交付和服务满意，我对你们的团队人员满意。如果还有更多要说的，我希望能继续深化双方的战略合作。"[1]

同样的故事发生在英国。在英国高端市场，华为也是用打硬仗的方法赢得客户的信任和尊重。VM，是一家聚焦高端客户的英国运营商，可以说是欧洲 BSS[2] 高端市场的一颗"明珠"。BSS 系统包括客户关系管理、计费账务、综合结算、营销支撑这些功能模块。华为软件，欧洲市场 BSS 领域的新玩家，此前在英国市场从未有突破。当"新人"遇到"大咖"，会产生什么样的化学反应呢？经过 755个日夜的艰辛，双方合作的 VM MTP（Mobile Transformation Program 移动业务转型）项目终于在 2015 年 3 月底成功上线商用。华为在欧美高端市场打下一场成功的攻坚战，也把该项目建设成为华为公司 BSS 高端市场的灯塔。华为更是收获客户颁发的年度"最佳产品和交付"大奖，不仅仅是对项目组历史交付的褒奖，更承载欧洲高端客户对未来的殷切希望。

华为欧洲供应中心 2009 年在匈牙利落成，作为华为全球供应链布局的主要组成部分，欧供中心位于匈牙利，地处中欧，具备制造、

---

[1]《从"沧海"到"良田"的直销专家》，引自 2013 年《华为人》合订本。

[2] BSS 全称为 Basic Service Set，意为"基本服务集"。

物流基础设施发达的良好条件。华为欧洲供应中心业务覆盖欧洲、中亚、北非等 5 个区域的 47 个国家和地区，承担了华为公司面向整个泛欧区域的货物制造、集散、中转、派送功能，向客户供应无线、微波、光网、接入网、数通等华为主流产品，提供欧洲 2 周、非欧 2~4 周供应服务，使供应网络更贴近客户。而近两年发展的逆向和维修业务，使华为供应链在低碳、环保、绿色等社会责任中发挥了更大、更积极的作用。

目前，华为欧洲供应中心在匈牙利设有多个合作工厂和物流中心，工厂及仓储面积达数万平方米，2015 年进出口货物金额达到数十亿美金。

华为公司匈牙利市场负责人郑伟峰于 2016 年春天接受媒体采访时介绍，华为在瑞典、俄罗斯、芬兰都有研发中心，同时华为在全球有 31 个联合创新中心。在匈牙利，包括当地代表处和欧供中心，有 300 名以上的员工，华为的业务为匈牙利创造近 2000 个就业岗位，累计投资额 5.8 亿美金，对当地 GDP 间接贡献达 11 亿美金。

郑伟峰表示，从 2000 年左右进入欧洲市场至 2016 年，华为在东北欧绝大多数国家均成为当地运营商客户的主流设备供应商；华为智能手机的品牌知名度和认知度也在近两年获得了迅速提升，在最新公布的 GFK 第三方报告中，华为手机在波兰、芬兰均取得了市场不俗的成绩；在企业业务方面，华为聚焦被集成的战略，联合东北欧当地的合作伙伴共同参与市场竞争，已经取得了很好的成绩；华为把欧洲市场作为"第二本土市场"来考虑，在运营商、企业网、消费者业务持续增长的同时，还在持续创新、负责任的企业公民等各方面努力。[①]

　　华为坚持开放、合作、共赢的原则，发挥基于客户需求的创新能力以及产业领导力，与欧洲优势互补，使得这些成果取得经济和社会价值，形成面向全球产业竞争的双赢合作。"创新日"是华为主办的大型高端论坛，活动邀请欧洲领先运营商、合作伙伴、科研机构以及政府、媒体等共同参与，目的是为构筑欧洲行业生态圈搭建交流平台。2015年举办的第三届"华为创新日"，重点围绕欧洲工业4.0、智慧城市、可穿戴设备和车联网等热点话题展开深入讨论。2015年6月16日，媒体和客户兴致勃勃地参观了位于慕尼黑的华为欧洲研究院。华为欧洲研究院副总裁Walter Weigel介绍说："华为非常重视研发和创新，目前在欧洲有18个研发机构，分布在8个国家，欧洲研究院是华为海外最大的研究机构之一。"数字欧洲组织秘书长John Higgins表示："欧洲市场欢迎华为这样乐于投资，遵守规则的技术公司。"德国巴伐利亚国务部长Marcel Huber博士表示："华为和巴伐利亚州已经有成功的合作，例如华为和慕尼黑技术大学的合作，华为和奥迪的合作以及华为在慕尼黑建设的5G测试床等项目。现在，IT安全、电子教育和工业4.0也进入了我们合作的日程。"

---

① 《深耕10余年，华为欧洲树起中资企业形象》，来源：金羊网，2016年4月20日。

2017 年 11 月 17 日，华为与英国电信宣布新一轮五年合作计划，拟与剑桥大学成立联合研究合作小组。（引自第 334 期《华为人》）

截至 2016 年底，华为在欧洲与客户建立了 21 个联合创新中心，更紧密地为客户创造价值。2017 年 11 月 17 日，华为与英国电信宣布新一轮五年合作计划，拟与剑桥大学成立联合研究合作小组。华为还积极投入"欧盟 Horizon 2020"项目，在欧洲签署了 210 项技术合作协议并参加了 33 项计划，华为已经与超过 200 名欧洲学者以及 150 家研究所达成合作，并在欧洲赞助了超过 80 项研究项目。此外，华为在欧洲已经持续投资了 7500 万欧元，用于与超过 100 所知名大学的研究所合作。

经过在欧洲市场多年的耕耘，华为争取到各国政府、大学和其他行业利益相关方的支持，争取成为欧洲各国政府眼中值得合作的伙伴。至此，华为不仅成功地在欧洲电信市场上跻身于一流电信设备供应商之列，而且它与欧洲电信运营商之间的创新协作更让竞争对手刮目相看。从进入欧洲市场的方式看，开放创新是华为从价值链中低端向价值链高端迈进的必然选择。在欧洲，华为坚持开放创新，建立海外创新中心，构建了可持续发展的国际化模式。

第五节　日本高端市场实现全面突破

日本是全球 3G 的发源地之一，在地铁中通常有 1/3 的人在休息，1/3 的人在读书，另外 1/3 的人一定是在看手机。由于 3G 业务开展得早，因此日本在 3G 应用业务上领先于其他国家，已是较为成熟的 3G 市场之一，NTT DoCoMo、沃达丰等已在日本推了多年的 WCDMA 服务。但是这些巨头采用的大多是爱立信、NEC 等厂商的设备。然而在 2006 年，华为进军日本时，为 eMobile 建设的 3G 网络可以说是日本第一个基于 IP 的 HSDPA 无线接入网络。

2006 年 7 月 19 日，任正非赴日本出席了为日本移动运营商 eMobile 承建 3G 网络的签约仪式。eMobile 虽然是一家规模较小的运营商，合同的金额也并不大，但是对于华为仍然具有里程碑的意义——华为在全球 3G 业务最发达、3G 用户数量最多的日本拿到的第一个 3G 订单。

伴随多款产品成功登陆，华为终端在日本高端市场实现全面突破。据日本 GFK 市场营销服务机构的报告，华为已连续两年占据日本上网卡市场的半壁江山，而运营商 eMobile 在日本销售的产品中，超过 70％ 也来自华为终端。在日本这个素以通信技术领先的国度，其正在领略中国品牌的力量。

日本移动运营商 eMobile 创始人、主席及总裁千本博士表示："过去提到中国厂商，总会觉得那些公司是利用非常廉价的人力，生产一些非常便宜的产品零件。但是，我认为现在的中国厂商正处于一个转折点。这其中最具有代表性的公司就是华为公司……特别是他们拥有 WCDMA 及 3.5GHSDPA 技术，他们掌握的 IP 技术接近世界最高水平。也就是说，中国正在向华为这样的高科技产业转变。"

任正非表示："我们很高兴成为 eMobile 的主要合作伙伴之一。日本是对产品质量要求最高，对供应商的综合能力要求几乎苛刻的市场。此次合作证明，我们可以依靠对研发的持续投入，为客户提供一流的产品和解决方案，充分满足日本这一高要求的市场对质量和可靠性的最高标准。我们有信心能够帮助 eMobile 使其客户利益最大化并取得领先的市场地位。"

与全面突破式发展交相辉映的是，华为终端产品正迅速成为日本消费者的新宠。其中，华为无线猫 E5 以及全球首款 UMTS 数码相框 MMC255u 成为最热的明星产品。

在手机方面，华为 U5509 及 U1309 等产品也被 eMobile 相中，成功打入日本市场。众所周知，日本移动通信市场竞争激烈，市场渗透率超过 120%，由于本土企业技术实力雄厚，市场相对保守。一些老牌欧美厂商也曾信誓旦旦进军日本，但都铩羽而归。进入竞争对手云集的日本高端市场并能保持优势地位，这是市场对华为终端产品的充分肯定，也是华为终端在日本市场战略的成功。

秉承在日本市场长期投入和开放合作的原则，华为不仅在很短的时间内在日本建立了自己的技术支持中心、培训中心和实验室，而且还与日本有实力的工程公司如东电通和OKI形成了合作伙伴关系。东电通和OKI在日本拥有几十年的通信行业工程施工经验和专业的工程施工团队。

日本人做事情的认真与精细全球闻名，这从对时间的要求上就能感受到。高速铁路日本新干线的发车和到达时间与规定的时间误差不会超过3秒。日本的每个手机都能接收来自空中的对时信号，手机的显示时间准确到秒。华为的产品能得到日本客户的喜欢，足以证明华为的实力。

近几年来，华为作为性价比较高的智能手机制造商，在日本享有较高的知名度，也因此对日本国内品牌市场造成了威胁。华为于2005年在日本成立分公司，员工人数从最初的20人发展到2016年的900余人，其中75%是日本当地雇员。2016年，华为平板电脑已占日本市场份额的21.6%，仅次于苹果公司。而日本知名市场研究公司BCN报告说，2016年，华为P9 Lite在日本机卡一体类别智能手机的销量中排名第一。以华为P9为首的各产品在日本获得众多媒体的高评价。①

另外，华为在日本给人留下印象最深的虽然是智能手机和Wi-Fi路由器，但华为主业是面向大型通信企业的手机基站建设和运营。作为与瑞典爱立信并驾齐驱的全球两大通信设备商，华为与包括日本在内的140个国家建立了第4代（4G）高速无线网络。

据介绍，华为在日本围绕渠道、零售、品牌、服务持续构筑面

---

① 《全面向日本市场进攻，华为在日本大受欢迎》，来源：科技之窗，2017年7月6日。

向市场的体系化能力，强化业务基础，积极推进精细化经营；同时，勇于创新，逐步构建引领未来的核心竞争力，努力成为消费者喜爱的品牌。华为表示，日本市场是个高端市场，聚集了众多商家，而从全球来看日本市场的竞争也是最为激烈的。所以，华为认为只要能在日本市场生存下去，就能领先全球市场。

第六节　在北美的攻坚战

在通信设备制造领域，长期以来活跃着一批人们耳熟能详的世界级企业：诺基亚、爱立信、摩托罗拉、思科、朗讯、西门子、阿尔卡特、NEC、三星电子。毫无疑问，它们主宰着全球通信设备市场。但是今天，一个来自中国的企业正在阔步迈向这个领域。在中国，在全球，不管是发展中地区市场，还是发达地区市场，这个企业的身影频频出现在运营商设备采购招标活动中。这个中国企业就是华为。

美国市场调查公司 Dell'Oro 2009 年第一季度全球移动通信设备市场排名显示，华为已经以 15% 的全球市场份额占据第三位，虽然相比通信设备的老大爱立信（33%）和老二诺基亚 - 西门子（21%）有一定距离，但却把阿尔卡特 - 朗讯、北电、摩托罗拉和国内最大的竞争对手中兴（5.68%）甩在了后面。华为已成为全球移动通信设备市场中的巨头之一。

近十几年，全球电信行业发生了几件大"惨案"：2006 年度阿尔卡特和朗讯合并，同年诺基亚与西门子网络和设备部门联手；2009 年 1 月，北电王国坍塌并向爱立信出售众多资产。

很多分析人士认为，是这几家公司的内部出现了极大的问题，比如，战略失误，又如人工高企，才使得巨头们陷入了泥潭。这几家巨头的董事们可不这么看，他们口中喃喃地说出了几个汉语拼音"HUA WEI"。不错，就是华为。

华为自 2001 年起进军北美市场，其北美分公司市场营销及产品管理高级副总裁 Charlie Chen 表示，华为从一开始就很重视美国市场，并一步一步地建立起了自己的声誉。

早年在刚进入美国市场时，华为在中东和欧洲一直奉行的强悍战略曾让它付出惨痛的代价：在美国报纸上打出的广告"它们唯一不同的是价格"被思科、朗讯等公司视为恶意挑衅，直接导致了激烈的反弹。2007 年 9 月，华为宣布准备收购曾与其建立合资公司的合作伙伴 3Com，但半年之后，这一交易被美国联邦贸易委员会以"国家安全"之名驳回。

政治和国家安全问题是华为在美国市场遇到的巨大挑战。一些分析师说，一些美国公司之所以不愿意挑选中国公司作供货商，是怕丢掉美国政府的合同。

据《华尔街日报》记者的分析，美方正是以担心国家安全为由否决了华为收购美国公司 3Com 的交易。研究公司 Credit Sights 的电信设备分析师赵平（音）说，公平也罢，不公平也罢，美国可能确实对中国企业存在歧视，特别是在这些公司想通过收购当地企业进入美国市场的时候。不过，随着美国运营商纷纷寻求既能减少设备支出又能使暴增的短信和视频流量得到顺畅处理的办法时，中国厂商有可能在美国市场上扮演更重要的角色。

进入北美市场一直是华为的重要目标，并且进行了多年尝试。不管是之前与 3Com 合资成立华为 3Com 公司，还是联合贝恩资本等参与对 3Com 的收购，以及在 2008 年底希望出售终端公司的部分股权，华为的目标都很明确，那就是"打到北美去"。

但是对 3Com 的收购被美国有关部门以"安全"为由否决，出售终端公司的部分股权也最终因为经济形势的影响而暂缓。进军北美之路并不顺利。

《IT 经理世界》杂志记者冀勇庆在其文章中分析道："有一块市场相信仍然是华为的心病，那就是北美市场。2005 年的时候华为的合同销售额中来自北美的比例还有 2.5%，但是在随后的这几年已经不到 1% 了，关键还是因为华为在北美的业务还是只能围绕着非主流运营商打转，而在一流运营商（Tier1）这边进展缓慢。华为拿下 Telus 和 Bell 的订单，这才是华为下一步的努力方向，因为这两家运营商是目前加拿大最大的 CDMA 运营商。"

"各种迹象表明，华为已经专门针对北美市场制定了长期的拓展策略。2009 年 4 月 22 日，华为在深圳的丽思卡尔顿酒店举办了每年一届的全球分析师大会，一共请了将近 50 位分析师，其中有一多半分析师都是从美国飞过来的。"

2007 年 3 月，冀勇庆造访了位于达拉斯的 75 号高速公路 1700 号的华为美国总部。他在文章中这样记述当时的情景，"这里仍然是一片冷冷清清。包括华为美国代表处、美国研究所以及其他支持部门，华为在美国一共只有 200 人左右，除了偶尔与几个只有几百万客户的小运营商合作，拿到一些百万美元级别的小单之外，在美国市场几乎听不到什么声音。

"'美国的电信运营商是最难进入的，比欧洲要难很多，就连爱立信、阿尔卡特都进不去。这里只有三个玩家，摩托罗拉、北电和朗讯。'华为某海外代表处负责人抱怨。特别是近些年来，美国的电信运营商之间发生了大规模的兼并和收购之后，对电信设备的采购量进一步减少，这也使得美国之外的电信设备商进入这个市场的难度进一步加大。"

2007 年初，华为与美国移动运营商 Leap Wireless 达成第一次合作，帮助 Leap Wireless 在美国华盛顿州、爱达荷州、内华达州等西北部地区部署 CDMA3G 网络。同年 7 月 11 日，华为又获得了 Leap Wireless 的 CDMA2000 网络合同，为其全资控股子公司 Cricket Communications（Cricket），以及 Denali Spectrum（Denali）在美国选定城市部署 CDMA3G 网络。这个破冰之举很快带来了连锁反应。2008 年，华为在北美市场才取得了明显进展。2008 年 10 月，华为正式拿到了加拿大运营商 Telus 和贝尔（Bell）的 HSPA 合同，这是华为首次在北美大规模部署 HSPA 网络，也是华为当时在北美市场的最大突破。2008 年 4 月初，在洛杉矶举行的 CTIA 无线行业展会上，华为显示出急切进入美国核心市场的意图。华为是展会最大的广告主之一，在演讲大厅拉起了巨型条幅广告和大屏幕电视广告，并在展会的出版刊物上发布广告。Yankee Group 亚太区研究副总裁王学军认为，华为的技术现在已经是世界级的，而相对低廉的人力成本使其能派遣更多的工程师为客户解决问题。

2008 年 4 月，华为美国分公司负责营销和产品管理的高级副总裁 Charlie Chen 在接受赛迪网记者刘彦青采访时说，华为有意识地最后进入美国市场，以便有更多的时间打造出更完美的产品，建立信誉。他表示，美国运营商的要求很高。华为正在实施进入美国市场的"三步走"战略。首先进入美国市场，其次获得少量合同，最后获得美国四大手机运营商（AT&TInc.、Verizon Wireless、Sprint Nextel、T-Mobile USA）的认可。Charlie Chen 说，目前我们处于第二步、第三步之间，客户对我们越来越信任了。

2009 年 4 月，两大光器件商 Bookham 及 AvanexCorporation 宣布正式合并，组成全新的全球性科技公司 Oclaro。2009 年 7 月，Oclaro 公司宣布赢得华为技术颁发的"战略供应商"荣誉称号。华为表示之所以选择 Oclaro 是看中了后者广泛的产品线、先进的技术以及当前已经形成的密切业务合作关系。两公司的战略合作意味着未来双方将在下一代产品研制方面会进行更多的合作，这一战略关系也将持续改进双方当前的合作关系和力度。双方将各自指派一名高级主管来促进维护双方的合作关系。

华为曾经一度停止了在北美的拓展，因为这个成熟的市场难以渗透，但是 2009 年到了突破美国市场的最佳时机。原因在于，老牌的设备商因为金融危机元气大伤，在大家都缺钱的情况下，华为的低价优势显得极具吸引力。

在被认为最难攻破、铁板一块的美国市场，华为却收获颇丰。2009 年，华为在美国的营业收入增长超过 60%。2008 年，华为美国业务较 2007 年增长了 60%，销售收入高达 2.5 亿美元。2009 年按增长超过六成计算，华为在美国的销售收入将达到 4 亿美元。

2009 年有两大"战役"对华为进入北美市场具有里程碑意义。一是在 2009 年 8 月，华为入选全球最大的 WiMax 运营商美国 Clearwire 公司的设备供应商名单。华为作为主要供应商之一，帮助其部署美国第一个全国性的 WiMax 网络。华为无线产品线总裁万飚评价说，华为入选 Clearwire 关键供应商，这是华为进入北美市场迈出的关键一步。第二个具有里程碑意义的事件就是为加拿大运营商 Bell 提供 HSPA+ 网络，这也是北电破产之后，华为虎口夺食取得的一大胜利。

2009 年 3 月，华为被美国电信运营商 Cox Communications 选中，将为其提供端到端的 CDMA 移动网络解决方案。Cox Communications 是美国第三大有线电视公司，其将通过华为面向 LTE 的 Single RAN 解决方案以及业界领先的 3900 系列基站产品部署 3G 无线网络。在全球移动网络基础建设领域，华为是公认的领导者之一，目前华为在北美的主要客户包括 Cox Communications、Leap Wireless 以及加拿大的 Telus 和 Bell。

在任正非看来，北美才是他认定的真正意义上的全球主流市场。因为全球电信设备的最大买主大部分集中在北美，这个市场每年的电信设备采购量是全球电信开支的一半。

道琼斯通讯社援引华为无线产品线首席品牌官罗伯特·福克斯（Robert Fox）的话称，北美对华为而言是一个非常重要的市场，我们正在当地增加员工以支持客户业务的增长。他表示，华为计划明年（2010 年）在北美增加 600 名员工，使其在该市场上的员工数达到并超过 1500 人。

但美国市场注定是华为的一块心病，这块堡垒华为久攻不下，最终不得不放弃。2008 年、2010 年华为三次尝试并购美国科技企业，都被美国政府拒绝。此外，还有一次专利并购、两次正常商业交易等都被美国政府相关部门否决。

就在 2018 年 1 月份美国 CES 大会召开期间，华为原本已经宣布将通过美国第二大移动运营商 AT&T 正式在美国销售智能手机，没想到的是，AT&T 却突然宣布取消与华为的合作，让业界一片哗然。

2018 年 4 月，在深圳举行的华为 2018 年度分析师峰会上，华为方面透漏美国市场已不再是其全球战略的一部分，并且失去了对美国市场的兴趣。据媒体报道称，华为将于 2018 年底前退出美国市场，华为在 2018 年第二季度解雇了华盛顿市的一些员工，被外界认为是华为退出美国市场的一个先兆。

归根结底，华为不能真正进入美国市场，还是在于美国政府担心华为在美国发展起来后会"威胁"所谓的国家安全。因此，不管华为如何发力，始终与美国市场渐行渐远。而与此同时，虽然中兴此前已经成功打入美国市场且取得不错的成绩，但在美国政府的监管下始终难以有大的突破。甚至在 2018 年春天中兴被美国商务部工业与安全局施以最严厉的制裁，中兴几乎到了崩溃边缘。中兴的遭遇也给华为提了醒：美国市场真的没有想象中那么美好。再加上如今的中美之间关系较为紧张，身为国货代表的华为自然要展现出自己的立场。综合多方面的原因，华为当下宣布即将退出美国市场不失为一个好的时间节点。

而就华为高层来看，其实放弃美国市场也不失为一件好事。比如，华为轮值CEO徐直军就于华为分析师大会向外界传递出信号：不会把华为在美国遭遇的问题放在心上——"在某些情况下，只有放手，我们才会感到轻松。"华为消费者业务CEO余承东曾表示，哪怕没有美国市场，华为依旧能在全球市场上销量第一。就是说，华为并不怕失去美国市场。

正如新媒体"康斯坦丁"所言，不管原因如何，如今华为算是与美国市场说再见了。当然，这或许并不意味着华为就与美国市场进入了永久的冰冻期，也许华为下一次开启征程，会是在之后某个特殊的时间节点上。

科技之美，开创更美好的全连接世界

2015 年 6 月，华为常务董事、战略 Marketing 总裁徐文伟在"华为创新日——欧洲"活动中开场致辞。(引自 2015 年《华为人》合订本)。

四年以来，华为的欧洲创新日之旅，见证了斯德哥尔摩的新绿色之旅、米兰的新丝绸之旅、慕尼黑的新工业之旅，以及今天巴黎的新浪漫之旅。为什么要强调新？新的本质就在于观念的刷新，技术的创新，社会的革新，以此不断推动人类的前进。

浪漫之都巴黎，建筑、音乐、绘画、电影，让人时刻感受到的是时尚，是人文，是美。但法国浪漫的另一面是创新的热情，法国是全球研发领域中最具活力的国家之一，创新研发产业园区遍布71处。法国不仅为世界贡献了汽车、飞机、火箭等全球领先的工业技术，更重要的是，法国为世界输出了许多伟大的思想，思想才是人类发展的最大财富。

华为的美学研究、数学研究以及芯片研究中心就设在法国这块充满浪漫、哲思与创新活力的国度上。因此，今天大会的主题定为科技之美，我们邀请到了教育家、数学家、艺术家、科学家、企业家齐聚一堂展开思想对话，一杯咖啡吸收宇宙能量，和大家共同探讨科技创新如何融合美学境界，如何开创全连接的美好新世界。

对于科技之美，不仅要有欣赏的眼光，更需要发现的智慧，需要永不放弃的探索精神。人类社会的发展，都是走在基础科学进步的大道上的。基础科学的研究，是要耐得住寂寞的。华为有八万多研发人员，每年将销售收入的10%~15%用于研发经费。在每年的研发经费中，20%~30%用于研究和创新，70%~80%用于产品开发。

从科技的角度来看，未来二三十年人类社会会演变成一个智能社会，其深度和广度我们还想象不到。华为正处于无人领航、无既定规则、无人跟随的困境。重大创新是无人区的生存法则，没有理论突破，没有技术突破，没有大量的技术积累，是不可能产生爆发性创新的。这次我们在法国成立数学研究所，就是要通过数学研究在基础科学研究上取得突破，大数据流量疏导的基础是数理逻辑算法。长久以来，法国诞生了无数世界一流的数学家，笛卡尔、帕斯卡尔、伽罗瓦、傅立叶……如果没有傅立叶变换，可能就没有现代的通信的发展。今天，这个传统依然被法国学者们传承下来，法国菲尔茨奖获奖者数量多达12位，仅次于美国。数学的研究也正在为ICT产业带来全新的突破。

在欧洲为欧洲，是华为融入欧洲、贡献欧洲的主张。现在华为在全球建立了26个能力中心，这其中的大部分都在欧洲。加强华为与欧洲产业界和学术界伙伴的紧密合作十分必要。欧洲拥有世界一流的教育机构和很强的基础技术研究水平。欧洲不仅是华为非常重要的市场和投资目的地，华为的新技术大都率先在欧洲市场应用，同时华为也携手欧洲企业，跨越本土，连接到更广阔的全球市场。2016年预计对欧洲采购金额42亿美元。2015年华为在欧洲的研发投入是3亿美金。

华为坚持开放、合作、共赢的原则，发挥基于客户需求的创新能力以及产业领导力，与欧洲优势互补，使得这些成果取得经济和社会价值，形成面向全球产业竞争的双赢合作。目前华为在欧洲与客户建立了21个联合创新中心，更紧密地为客户创造价值。华为还积极投入"欧盟Horizon 2020"项目，在欧洲签署了210项技术合作协议并参加了33项计划，截至2015年，华为已经与超过200名欧洲学者以及150家研究所达成合作，并在欧洲赞助了超过80项研究项目。此外，华为在欧洲已经持续投资了7500万欧元，用于与超过100所知名大学的研究所合作。

德国电信今年3月发布开放电信云，就是基于华为硬件和软件解决方案支撑的全套云服务，包括私有云、公有云以及软件解决方案（可同企业现有IT基础设施无缝集成），这开启了德国及欧洲经济发展数字化的新阶段。通过双方的战略合作，充分发挥各自优势，可以为企业和行业提供有别于OTT Player的、创新的公有云服务，而且华为有信心和德电一起把"开放电信云"打造成面向行业和大企业公有云服务的标杆。

最近华为为法国第一大电视台TF1提供的媒体云解决方案，促使该电视台加速从单一媒体走向全媒体的汇聚，实现随时随地的全媒体内容制作与播放。其中，共享数据访问效率提升90%，让编辑记者实现即时信息共享，全面提升了新闻内容制作效率，使得新业务上线时间缩短了85%。创新的ICT技术与解决方案，将传统媒体业务与互联网紧密融合，打破了传统新闻的生产方式，全面提高了新闻播放的时效性。

华为手机与徕卡也走到了一起，基于 Co-Engineered模式，强强联手，与徕卡紧密合作，联合设计开发，使科技感和艺术感完美融合在一起，打造了一款引爆手机迷和摄影圈的双摄经典。而这对于筹划走向大众的徕卡镜头来说，一步就进入了全球最大的中国市场，这不失为一次完美的双赢合作。

未来二三十年是从传统经济向数字经济转型的关键时期，欧洲国家看到了 ICT在数字转型中所扮演的角色，从不同的层面制定国家战略，如国家宽带计划、德国的工业 4.0等等，引领着全球数字化浪潮。华为全球联接指数 2016显示，欧洲国家大部分处在数字经济发展的领跑者阵营，尤其在物联网、大数据的投资与应用上，在全球也大幅领先，如大数据产生量，全球 TOP 10的国家有 7名来自欧洲。不仅如此，欧洲各国对创新与 IT人才的投入非常重视，如在 ICT专利申请数量方面也大幅领先，全球 TOP 10席位的一半来自欧洲。

2016年，绿茵场上"欧洲杯"正如火如荼，全球数字化竞技场上，也需要一座"欧洲杯"，欧洲应基于领先的ICT基础设施，促进产业用领先的IT支撑各行各业的发展，以及保持全球核心竞争力优势，华为将基于对ICT产业的充分理解和经验，与欧洲企业一起，打造ICT支撑平台，融入欧洲产业链，与欧洲ICT产业共同发展。

（此文是华为公司战略总裁徐文伟在 2016"华为创新日——欧洲"上的致辞，引自《华为人》第 326期，2016年 8月 31日）

第三章

国际化进程

　　100 多年来，中国基本上没有企业有能力走向世界。而近 20 年来，我们却爆发了四次大规模的国际化浪潮，很多的企业用不同的方式纷纷走出国门，有的在海外办厂，有的收购世界知名公司的股份和部门，有的甚至把它们全部并购下来，通过多种方式参与国际化竞争，使得老外们惊呼：中国的狼真的来了！

　　然而，中国企业国际化这条路走得并不顺畅。有统计称，目前我国海外并购成功案例的比例仅为 30% 左右，中国企业在国际化进程中无疑仍处于蹒跚学步的阶段。

　　中国电信设备市场从一开始就是一个货真价实的"国际市场"，因为在中国电信市场启动之初，就已能够看到所有的国际电信巨头的身影。华为在国际化市场拓展中，依靠本地员工快速切入市场，迅速了解当地法律法规、客户特点和文化习俗，并节省了费用成本，提高了核心竞争力。但随着海外市场的拓展，本地员工与中方员工的矛盾也凸显出来，首先是文化的"摩擦"。

第一节　企业的英文化

在华为市场拓展版图上，我们可以看到有一百多个红色 Logo 分布在世界各地。国际化，对 70% 多销售额来自国际市场的华为来说，早已不是陌生的词语。然而，如果要让华为的本地员工来给华为的国际化打分，华为的得分可能会很低。有很多原因导致了这个结果，其中最表面、最直接的是——中方员工的英语沟通能力。

现阶段，在华为国际化中影响效率的主要问题是什么？

国际化中影响效率的原因很多，如：员工职业化、管理体系建设、对本地文化的理解等等，华为中方员工的英语沟通能力是影响效率的因素之一，它虽然不是最主要的，但影响很大。

由于英语沟通能力导致的问题

华为认为，目前由于英语沟通能力导致的问题主要表现在以下几个方面：

首先，一线工作的语言平台对团队效率的影响。

在一线团队中，由于语言及跨文化沟通等问题，导致华为代表处中方和本地员工还没有很好的沟通融合。大多数的业务主管都是中方员工，但所带领的本地员工的比例很高，本地化比例最小的片区在 60%，高一点的片区已经接近 80% 了。部分地方华为本地员工跟本地的副主管沟通，中方员工跟中方主管沟通，像是两个团队在运作，不能很好地融合成一个团队，影响组织效率。

华为的文件发布、流程、邮件沟通、知识共享等体系也没有彻底英文化。

其次，华为总部的英文平台影响着一线本地员工承担的责任。

一个公司的国际化，除了海外分公司的本地化，公司总部的国际化也很重要。如果外籍员工发一封英文邮件去总部还要经过翻译，甚至好多天也得不到回复，这样的公司要实现国际化相当难。

现在华为本地的优秀骨干往往只能做到副主管，做到正主管就很难，因为他一旦成为一把手，就要面对求助体系、沟通交流体系、述职体系等等，由于华为的总部是非英文化的总部，他们在这些方面会碰到巨大的困难。这导致了本地员工职业发展的瓶颈。随着海外的业务越来越大，如果本地主管不能担任这样的角色，本地团队的工作热情和凝聚力会受到影响。即使是本地的普通员工、工程师，他们跟总部在日常的工作中也有许多信息的交流。

那么，华为一直强调本地化的原因是什么呢？主要是因为华为本地员工更熟悉当地的环境，业务运作质量和效率更好，而且对于大多数国家，中方外派员工的综合成本，比本地员工要高很多。对于发达国家，华为中方员工虽然有成本优势，但华为如果不能对当地就业有积极贡献，也很难营造良好的商业环境。

正是由于本地化的必要性和目前英语沟通能力对其造成的负面作用，才把企业的英文化的问题凸显出来，放到如此重要的位置。

在英文化推广上的总体步骤和实施策略

华为在英文化推广上的总体步骤和实施策略是：总的思路是在一线和总部两个层面一起改进。一线解决具体的沟通和团队融合问题，总部解决平台问题。在代表处，语言环境上具有优势，目前华为代表处许多主管可以直接用英语交流，但到地区部、片区就弱些，到总部就更是瓶颈了。

现在华为总部成立了专门的小组来做员工英文能力提升改进工作，各体系也都开始行动起来了。比如：销服体系要求在 2008 年第四季度员工英文考试 80% 达标，到 2009 年二季度全部达标。

战略与 MKTG（marketing 行销）也要求 2008 年底 100% 完成达标。财经管理部关键岗位 2008 年底 90% 达标。供应链管理部需要英语的目标岗位 2008 年底完成 90%、2009 年 100% 达标。研发部门很多岗位不需要英文交流，但像 PDT 经理、对外联络的部门也必须达到要求。除了考试，和一线有比较多业务往来的关键岗位，到 2008 年底要达到能够很好地交流和沟通。

另外，对文件、邮件的英文化，华为各体系有不同的要求，因为这要看本体系跟一线结合的紧密程度。首先必须保证发文是双语的。有些部门的邮件，华为表示也要开始在合适的时候英文化。

还有工作平台，现在华为 SSE（费用报销流程）已经完全英文化了。很多类似的流程工具已经逐步开始英文化，逐步把华为的工作平台建立成中外方一体的平台。总之，华为要在总部全面营造一个能够使一线业务顺利开展的英文环境。

如何判定一个部门的英文能力是否真正达标了

虽然华为把托业考试作为英文化的主要内容之一，但英语考试仅仅是推进英语能力提升的手段，关键是在日常工作中逐步将英语作为工作语言。

如何判定一个部门的英文能力是否真正达标了呢？

对华为来说，考试并不是目的，华为并不需要托业高分、雅思高分。考试是传递一个信号，引起华为员工的重视。

华为认为，真正的达标体现在三个方面：一是这个部门需要共享的信息能够共享到全球，中外方员工能够直接交流；二是部门所管辖的业务，海外本地员工、本地主管可以直接参与；三是降低英文问题对公司业务运作效率的影响。

在这个问题上不会一刀切，如华为对其研发和销售服务体系的要求就不一样。英语能力提升，主要的目的是让华为成为国际化的公司，本地员工能够在华为团队发挥更大的作用和价值。

有些华为员工觉得自己的工作岗位可能永远不会用到英语，是否有必要参加考试呢？公司表示，大部分岗位，比如：MKTG，无论做品牌、做战略、做展会、做广告，面向的是全球，跟本地员工或者客户交流的场合很多，对英文能力有较高要求。有少量的岗位，可能真的永远用不到英文交流沟通，但相信随着华为的国际化加深，这样的岗位会越来越少。

现在，华为员工中很多人没有在工作中接触英文，一个重要的原因是目前中方外派人员在一线各岗位当主管，很多关键岗位，如行销主管、服务主管，都是中国人，所以总部员工觉得都是在跟中国人沟通，没有学习英语的需要。如果一线换成了本地主管，那么对总部的员工就有英语能力的要求。现在是拧在这里，总部没有英文化，本地员工上不来；本地员工上不来，总部好像对英文化的需求就没有那么迫切。并不是这些岗位没有英文化的需要，而是没有感受到英文化的压力。就好像我们待在一个城堡里，由于城门没有打开，并不知道外面已经兵临城下。城门关闭，付出的代价是效率和成本。

现在华为总部的业务主管开一个中文的电话会议，全球的业务就都布置了，但如果十几个地区部有个本地的业务主管，问题就会出现。

有些华为员工认为，我们为什么不能让本地员工来学习中文呢？现在英语是世界公认的商业语言。大多数国家，本地员工能够熟练掌握的第二门外语就是英语。

华为英文化情况

目前，华为所有的 IT 系统已经英文化。华为体系要求从 2007 年四季度起，所有发往海外的工作邮件、报告均要使用英语。员工如收到英文邮件，就必须用英文回复；从 2008 年起，在总部要求所有目标岗位的员工发出的邮件、报告要开始使用英语，逐步提高目标岗位员工的英语使用比例，到 2008 年底目标岗位员工的英语应用达到 100%。从 2007 年 10 月份开始，供应链办公例会已经实现了英文化，会议材料全用英文准备，发言原则上必须用英语。供应链各二级部门办公会议也在逐步实现把英语作为会议语言。华为希望以此牵引总部英语使用的范围，力争到 2010 年前实现全面使用英语作为工作语言。

"随着公司业务走向全球，供应链也不再是国内生产制造，而已变为全球制造了，我们在巴西、匈牙利都有外协厂。大客户时常会到供应链进行厂验，如果英语不行，会直接影响业务开展和客户满意度。"供应链干部部主管陈新志介绍说。

2008 年，为促进华为员工英语学习的积极性，营造英语学习氛围，华为供应链组织了一场英语演讲比赛。"说是比赛，其实我们把它定位于一场英语活动，甚至是英语联欢。"比赛主要组织者刘颖介绍说。为使活动形式丰富，供应链培训组精心准备决赛形式，选手的九个主题秀内容丰富多样，赛场英姿、人在旅途、风云人物、央视新闻、天气预报、促销精英、动物乐园、佳片有约、音乐之声等精彩纷呈。参赛选手组建了啦啦队，为自己团队造势助威。会务组还给每个决赛选手拍摄了视频，决赛现场的英语宝贝秀更是将活动推向高潮……经过包装，原本紧张枯燥的比赛变成了群众联欢，前后共吸引了数百名员工参加，极大地调动了供应链员工英语学习的热情。

综合来看，华为全球化目前的最大瓶颈还是英文，最基本的交流问题不解决，国际化就无法深入推行下去。在迈向全球化的进程中，英文化是华为必须而且是首先要迈过的一道关，是提升华为国际化能力的必由之路。我国国际化先驱在国际化道路上的教训，为后来者提了个醒。百度董事长兼首席执行官李彦宏说："其实早在公司上市之初，我们就已经在考虑国际化战略。百度也一直在按照国际化的视野思考。"国际化视野是在全球范围内跟同类别的企业进行比较，要和他们具备共同的视野和能力，同时要有本地化的策略和运营。李彦宏举例说，百度在美国雇用关键人员基本上都要求他必须讲英语，但是百度在日本做搜索项目时，招聘的一些非常关键的员工可以不讲英语，也可以不讲中文，只要他会讲日语，了解日本市场就可以了。2009 年，在进入日本搜索市场两年之后，百度开始加快国际化步伐。招聘启事显示，百度已经启动德语、法语、俄语、伊朗语、土耳其语、阿拉伯语、马来语等七种语言的前期调研工作。

第二节 "掺沙子"行动

掺沙子是 20 世纪 80 年代以前农村建简易住房打土坯垒墙的一种工艺程序：在泥土里要掺上一定的沙子和少量的麦秸和稻草，增加泥土的附着力，减少土坯裂缝现象。或者栽种农作物、花卉时，在较肥沃的腐殖质土中掺沙子，目的是增强土壤的透水性，避免积水，防止植物烂根。

这种民间建筑工艺和农业耕作土壤改良技巧，曾被毛泽东借用来喻指治理党内、军内"山头"割据的政治策略、管理技巧。

引申开去，所有通过改变组织机构、人员结构，注入不同于原有班子的新因素，达到改变组织内部的力量对比及其性质和方向之目的的办法，都可以称之为"掺沙子"。

伴随华为海外业务的发展步伐，海外本地员工队伍也迅速壮大起来。2004 年初本地员工尚不足 1000 人，到 2008 年已有本地员工 1 万多人。为减少跨文化、语言、地域的障碍，让海外本地员工了解公司、认同华为，真正成为华为的同路人，在多种合力的推动下，销服体系从 2007 年 8 月开始推行"掺沙子"行动。通过这项计划，为一些优秀的本地骨干提供培训，让他们承担更大的职责，同时，提升机关员工英文能力，更多地倾听本地员工的声音。

在"掺沙子"行动中，华为海外代表处先推选出一些优秀本地员工到中国。机关部门为他们量身定制详细的培训和项目实践计划，并指定导师为其提供指导、答疑解惑。本地员工按计划参加项目实践、技能培训、文化培训、参观交流……通过耳濡目染的切身感受，让他们体验、学习、思考公司的管理运作和文化。部门定期组织相关人员与他们沟通，分享经验，同时倾听本地员工的需求与困惑、思考和收获。2 ～ 6 个月的实践结束后，组织正式的培训答辩检验"沙子"们的学习成果，由华为业务导师给出评价意见，指出优点、不足及改进的方向。华为销服体系各干部部对"沙子"们回国后的表现进行跟踪调查，结果表明，"沙子"们的业务能力有所提升；对华为公司及公司的价值观更认同；与中方员工、中方主管的相处、沟通和互动更加和谐融洽；本地员工将在深圳的所见所学与其他本地员工分享，对周围的同事产生了非常积极的影响。

早在 2008 年，华为销服体系的"掺沙子计划"已完成了第一阶段的工作，来自海外六大片区的 123 名本地骨干员工参加了活动，他们犹如星星火种般撒向了各片区。2009 年以后，销服体系更加坚定地进一步深入探索多元化的本地员工发展之路。

2017 年，第 330 期《华为人》上刊登了外籍员工 Mark Atkins 的故事，他曾任职于摩托罗拉十年多，曾在加拿大帝国商业银行

（CIBC）、汇达证券、德意志银行、摩根 Grenfell 和花旗投资银行等
工作。Mark Atkins 认为自己能在华为工作 9 年多的时间，得益于在
中国出差数月的经历，他说："我曾在投资银行供职 20 年之久，之
后才转战电信行业。截至今日，我在华为已经待了 9 年有余，有人
问我为何能在华为待这么久。我觉得这得完全归功于当时在中国出
差的数月经历。那段时间，我通过社交和实地体验，了解到了更多
的中国文化。我切实融入了当地的文化和环境，得以用一种在海外
时从未有过的视角，看待中国人民、体味企业文化。现在我能够看
到两国文化的不同，甚至能够欣赏差异。"

Mark Atkins 不仅理解并欣赏中国文化，而且对华为文化十分赞
赏，还成为向外籍同行传播华为文化的使者。他说："我分享一个关
于商业文化的例子。2010 年，华为效益非常好，奖金高，大家非常
高兴。但任总却在一次公开讲话中表达了自己的忧虑。大家觉得奇
怪，为什么利润高，反而要不开心呢？任总说，利润高说明我们从
客户那收的钱太多了，这就意味着客户没有足够的钱去投资未来。
任总是站在一个更高的生态圈去看待问题，关注自己也关注客户的
成功，而西方商业文化往往关注自身成功（而这种成功往往是以他
人的损失为代价）。我从这简单的一句话学到很多，后来，我把任
总的哲学思想慢慢分享给我的外籍同行听，他们也慢慢能理解中西
方商业文化的差异。"

这个故事可以看到"掺沙子"行动的具体效果。"沙子"们通
过到中国参观学习，对华为公司及公司的价值观更认同，本地员工
将在深圳的所见所学与其他本地员工分享，对周围的同事产生了非

常积极的影响，这是华为顺利推进国际化进程的一个重要举措。

第三节　在艰苦的地方奋斗

从 20 世纪 90 年代中期，中国通信市场竞争格局就在悄悄发生改变，国内、国际市场的竞争更加激烈。国际市场萎缩，影响了中国企业海外市场的拓展，同时海外通信设备巨头在国外出现需求紧缩的情况下转而加大对中国的攻势，给华为等国内通信设备企业造成很大的竞争压力。恰在此时，华为开始了海外业务的拓展，对于刚刚在国内市场站稳脚跟的华为，风险和挑战可想而知。

华为有 18 万多名员工，其中海外员工有 4 万余人，每天在空中飞行的华为员工有数千人。可以说，华为的国际化之路一直伴随着汗水、泪水甚至是殉职。2008 年，在国际金融危机冲击下，沃达丰、爱立信等世界电信巨头业绩纷纷滑坡，而华为全球销售收入同比增长 42.7%。没有华为员工"忘我努力的工作"，以及众多员工在海外的艰辛奋斗，取得这样的业绩是不可想象的。

在非洲等地，员工需要面临更多方面的压力。据华为一位在非洲工作的员工讲述，他所在的办事处在过去的两年时间里，一共被洗劫了两次，外加一次洗劫未遂，而歹徒每次都是"一锅端"，除了内裤什么都没留下。在非洲工作的同事还要时刻对抗另一种天灾——疟疾，一旦染上，重则有生命危险，轻则会给以后的健康埋下祸根。当然，这都只是华为海外员工的缩影而已。任正非在其题为《天道酬勤》的演讲中说道："中国是世界上最大的新兴市场，因此，世界巨头都云集中国，公司创立之初，就在自己家门口碰到了全球最激烈的竞争，我们不得不在市场的夹缝中求生存；当我们走出国门拓展国际市场时，放眼一望，所能看得到的良田沃土，早已被西方公司抢占一空，只有在那些偏远、动乱、自然环境恶劣的地区，他们动作稍慢，投入稍小，我们才有一线机会。为了抓住这最后的机会，无数优秀华为儿女离别故土，远离亲情，奔赴海外，无论是在疾病肆虐的非洲，还是在硝烟未散的伊拉克，或者海啸灾后的印尼，以及地震后的阿尔及利亚……到处都可以看到华为人奋斗的身影。我们有员工在高原缺氧地带工作，爬雪山，越丛林，徒步行走了 8 天，为服务客户无怨无悔；有员工在国外遭歹徒袭击，头上缝了 30 多针，康复后又投入工作；有员工在飞机失事中幸存，自己惊魂未定却又想着救助他人，赢得当地政府和人民的尊敬；也有员工在恐怖爆炸中受伤，或几度患疟疾，康复后继续坚守岗位；我们还有三名年轻的非洲籍优秀员工在出差途中飞机失事不幸罹难，永远地离开了我们……十八年的历程，十年的国际化，伴随着汗水、泪水、艰辛、坎坷与牺牲，我们一步步艰难地走过来了，面对漫漫长征路，我们还要坚定地走下去。"

巴基斯坦代表处是华为海外最大的代表处，员工超过千人，本地化程度高。代表处的华为员工们认为，工作的确是很艰苦，但也获得了更多的经历及体验。比如，在 1494 号站附近，据说那是巴基斯坦最热的地方。有一次，代表处员工的车开到水里去了，员工们就只好下去推车，没有想到水居然非常烫；在山顶上，能欣赏到在地面、峡谷刮起的龙卷风，由远及近，有时会同时看到四五个龙卷风，飞沙走石，场面非常壮观。这些都是工作给华为员工带来的奇妙经历。

面对艰苦的环境和高强度的工作压力，华为人没有被吓倒，而是以一种乐观、积极、自然的心态去面对，并从工作、学习、奋斗、追求、进步中去领悟自己的那份成就感与幸福感。

在华为内刊《华为人》上，一位曾在阿尔及利亚工作的华为人记述着这样一个故事："生活是美好的，前途是光明的，但道路是坎坷的。在阿尔及利亚，工作之外最困难的是衣食住行。

"第一次来阿尔及利亚，走在去 Annaba 的路上，忽然来了两辆警车，一前一后的把我们夹在中间往前走。我觉得很惊奇，出了什么事吗？同事笑着对我说，不要惊惶，在阿国，他们是接到信息后专门来保护外国友人的。哦，原来如此。一路上，警车开道，好不威风！到了目的地，当我们一定要请警察兄弟们吃顿饭时，他们却礼貌地拒绝了，把我们交接给当地警方后，很快就回去了！真是让人感动至极！

"当我和大家谈起这件事时，一位在阿尔及利亚生活工作了多年的朋友说，以前在首都，我们去买菜，警察都是派车来保护的。啊，可爱可亲的阿拉伯兄弟！慢慢地，我才知道，中国和阿尔及利亚有很好的邦交关系，20 世纪 50 年代，中国就与阿尔及利亚建立了外交关系，目前已经有近半个世纪的情谊了！

"饮食上，很多同事都不习惯，我们吃惯了中国菜，在这里，只有'棒子'面包、Pizza 和沙拉了，很多同事甚至还更愿意吃国内带来的方便面。……以前，阿国物品极不丰富，想买东西，很难买到，尤其到了冬天，这里的蔬菜更少，偶尔可以从中国建设集团的工地上买到'老干妈'，立即觉得生活质量上了一个档次。近一年，情况有了较大改观，一方面公司总部每两月会给我们寄一些慰问品，一方面阿国北部有了几个小菜市场，代表处也优化了食堂，在饮食上，大家觉得比以前好得多了。闲来无事时，我们也从网上搜索一两个喜欢吃的菜名来，自己尝试做两个中国菜，打打牙祭！有同事笑着说，吃了自己做的菜，半年不想家了！

"同时，我们积极地融入当地的生活中，经常在周末和本地员工、朋友来一个烧烤，或者邀请客户打场篮球、踢场足球。生活在不断地更新、变化着，我们深深地感受到了阿拉伯民族的友好和热情，每到一处，都能感受到主人的地主之谊。闲暇时，和他们一起谈天说地，一起吃手抓羊肉品尝咖啡，一起感受沙漠的深奥，一起欣赏地中海风情。"

在 2006 年的刚果（金）首都金沙萨，由于不接受总统选举落败的结果，副总统本巴的卫队与总统卡比拉的卫队发生了武装冲突。战事最激烈的时候，华为员工所在的宿舍楼被交战双方包围了起来。办事处三十多个工作人员来不及撤离，全部被困住了。他们无计可施，只能自祈多福，希望炮火不要打偏了。

任正非在其题为《资源是会枯竭的，唯有文化才能生生不息》的演讲中谈道："上甘岭一定会出很多英雄……你们要加快自己成长的步伐，在艰苦的地方奋斗，除了留下故事，还要有进步……新时代比以前提供了更好的条件，每分钟都要学，一直都要努力奋斗，要敢于斗争，努力学习，一定会进步的。不要说我们一无所有，我们有几千名可爱的员工，用文化连接起来的血肉之情，它的源泉是无穷的。我们今天是利益共同体，明天是命运共同体。当我们建成内耗小、活力大的群体的时候；当我们跨过这个世纪，形成团结如一人的数万人的群体的时候，我们抗御风雨的能力就增强了，可以在国际市场的大风暴中搏击。"

无论是在珠峰南坡和北极圈内，还是在海啸灾后的印尼、地震后的阿尔及利亚、智利，甚至海啸核泄漏的日本，西非埃博拉疫区，中国汶川大地震等灾难现场，都有华为人的身影。华为的国际化道路伴随着无数人的汗水、泪水和牺牲，一路艰难地走过来，作为负责任的企业公民，华为致力于消除全球数字鸿沟，做出了卓有成效的贡献。

第四节　包容不同文化

中国人民大学商学院教授、《华为公司基本法》的起草者之一杨杜在接受采访时说："华为的外籍员工比较多，世界各个国家、各种宗教的都有，核心文化和做事风格有很大的不同。针对不同点，企业有些原则的改变，比如说语言上和国际化的礼仪上，商业贸易的规则上等等，华为的做法是收敛，收敛到大家都能接受的地步，来形成企业的核心价值观。"

华为在国际化市场拓展中，依靠本地员工快速切入市场，迅速了解当地法律法规、客户特点和文化习俗，并节省了费用成本，提高了核心竞争力。

1999 年，华为来到沙特，从最初只有 2 人发展到 2005 年底的 300 多人。沙特是一个纯粹的伊斯兰国家，每天都要做祷告，祷告时间一到，本地员工会成群结队地去清真寺，直到祷告结束后才回来继续干活。对此，华为沙特分公司的中方外派人员也都习以为常了，入乡就得随俗。

但随着海外市场的拓展，本地员工与中方员工的矛盾还是凸显出来，首先是文化的"摩擦"。中东、北非地区部在发展进程中，也出现过这种中外员工文化上的摩擦：一位中方员工与本地外籍员工开玩笑时，他拍了一下对方的臀部，这在中国，没人会介意，但在当地情况就不同了，那里的习俗是男人的身体不能触摸。以此为契机，华为组织中方员工学习了伊斯兰文化，并制作光碟发放给中东、北非地区代表处，以供培训学习，要求中方员工尊重并了解当地的文化、宗教、习俗，了解当地的法律法规。最重要的，华为认为要从制度、流程开始，以规范化的国际大公司形象出现。通过跨文化培训和制度流程规范建设，中方员工的言谈举止更加职业化了，不像以前那么随意，本地员工与中方员工的关系也更加和谐友好了。

2005 年，华为全球"优秀国际营销人员"辛文说，做海外市场，首先要理解当地的文化。唯有理解，才能化解其中种种的排他性，真正把外在的东西内化为自己的思维，接受它，爱它，享受它。任何企业，只有适应当地的文化，才可能获得当地市场。比如，沙特人一天要祈祷 5 次，每次半小时。所以做工程要保证工期，须提前考虑这些因素，提前准备、提前预警、规避延期风险。另外，沙特的特点是节奏没有国内快，很重视亲情，所以不能像在国内常利用业余时间与客户联系，在这里需要采用全新的方式。

值得一提的是，华为公司目前拥有 4 万多名外籍员工，为了吸引各国优秀的人才积极加入华为，贡献自己的才智，包容不同的文化就显得尤为重要。华为意大利米兰微波分部第一个外籍员工 Renato Lombardi 曾说："文化就是适应，就是尊重多样性。"他为了更多地了解中国文化，利用到中国出差的机会品尝特色餐饮和传统食物，慢慢喜欢上了中国，越来越了解中国的历史和文化，他会告诉团队的外籍专家，学习一些基本的中文，并且提醒大家："不要去意大利餐厅、快餐店或其他西餐馆，我们就吃中国食物。因为这是我们能更好地理解中国同事的一个方法。"

Renato Lombardi 如此回忆他第一次到华为总部的情形："我还记得，加入华为后第一次来深圳，见到了公司的高层领导，他们很直接地问我：'你需要我们怎么支持你？'我很震惊。之前在其他公司找高层领导，通常只是去汇报工作。和高层领导沟通完 2 个小时后，我开始陆续接到其他同事的电话，他们已经从高层领导那里接到了任务。这样的领导力和执行力深深震撼了我。这之后，只要到深圳出差，我会给每位高层领导发邮件，他们总是会抽出时间欣然与我交谈，而到最后依然会问我：'我怎么支持你？'"

由于在华为的工作时间超过了 10 年，Renato Lombardi 对自己已经很好地融入华为这个平台感到无比自豪。他说："我也是一头狼。直到现在，我依然觉得自己来华为是幸运的，能和非常优秀的团队一起做着业界最前沿的研究，贡献着新的思路和想法。而华为米兰微波分部从无到有，从有到强，研究所就像我的孩子一样，已经成为我生命的一部分。"一年里，他有 140 天左右的时间在全球各地出差，尤其在中国。出差途中，无论是飞机还是火车上，只要有时间他都会打开电脑工作。他每时每刻都在思考，只要有想法就会立即写下来。

在经商实践活动中，重视吸纳所到之地的文化，主动适应当地的文化习俗礼仪，形成的是一种开放的、多元的文化。可见，无论是在国际上，还是在国内区域都需要经营者与当地文化进行融合，以达到本土化，才可将事业发展壮大。

延伸阅读

华为为我设立了一个研究所

2007年底的一天，华为微波团队的 Denis Han（后任华为米兰研究所所长）联系我，希望我们能见一面。

第一次知道华为是在 2004年。当时，在西门子工作的我，将微波产品卖给华为，用于华为在柬埔寨的一个项目。不久后我参观了华为深圳总部，去了高大上的 F1展厅，见识了深圳的工厂，特别是看了华为的发展轨迹后，一下子感觉到："华为并不是一家纯粹的中国公司。"华为的生产制造员工很少，研发人员占了非常大的比例，这样的华为更关注长远的创新和发展。回去后，我在西门子内部做了一个报告，告诉他们，华为作为一家跨国公司，虽然规模还比较小，但在将来几年甚至数个月，我们就能看到它发展壮大。

这一次短暂的"约会"让我对华为印象深刻，但此后并没有什么交集。直到这通电话的到来。

会面的那天，是圣诞节前一个特别冷的下午，在米兰的一家咖啡馆，Alex Cai（时任欧洲研究所所长）是面试官。与其说是面试，不如说是一次业务规划讨论会。Alex非常坦诚地告诉我，华为的IP微波产品，核心部件室外单元(ODU) 依靠代工，竞争力不足，人才也较为匮乏，他们希望能够找到微波的"明白人"，解决"ODU的自研开发"，"看清微波的发展方向"，构建IP微波的核心竞争力，打造华为微波的品牌。

我们讨论了一下午，一致认为，华为需要建立自己的微波研发能力中心，最关键的是要拥有充满竞争力的人才，因此最好建在人才聚集的地方。

大家不约而同选择了米兰。米兰是全球知名的微波之乡，诸多知名公司如西门子、阿朗、爱立信在米兰都设有微波研发和销售机构。还有如米兰理工大学等大学专业投入微波人才培养，人才资源丰富，微波产学研生态系统完整。

我们甚至讨论到初步规划：多少人，多少投资额，需要多少时间等等。这让我极为触动，也促使我最终下定决心从一家西方公司来到华为。

我知道，一开始我在华为的职位会比以前低，而且离开一个工作十几年的地方，打破原来长期积累的人脉关系和资源重新开始，困难会很多。但我一直认为自己是一个充满激情，喜欢尝试新事物的人。在华为开启一段全新的生活，组建自己的团队，从事新的业务，还有什么比这更具吸引力呢？甚至可以说是一次重生(顺便提一下，我的名字在拉丁语里的意思就是"重生"之意) 就像翻一本书，前面的一页已经翻过去，等待我的是新的一页。

"抄近路" 打响头炮

筹建米兰微波分部的那段时光，非常有趣。

那是 2008 年的夏天，Denis Han、Logos Tao（西安 ODU PDT 经理）、William Gou、Franco Marconi 和我，5 个人挤在华为代表处一间靠近咖啡机的小办公室里，声音嘈杂，空调也坏了，但我们一起憧憬着未来：租办公室、找到合适的人才，从无到有地建立微波研发能力中心。唯有想象未来，才能熬过这个炎热的夏天。

我利用一切机会和资源向业界专家介绍华为和微波发展平台。最开始我找的是和我共事过的人，他们都是在业界具有 10 年甚至 20 年以上成功经验的专家，我们彼此了解，互相信任。就这样，组建了最初的微波专家核心团队。

组建米兰研发能力中心的同时，华为面临的业务挑战也到了紧要时刻。2008 年 10 月，华为中标沃达丰项目后，产品的研发压力随之而来，客户要求几个月内通过 POC（proof of concept）准入测试。

我着手和中国同事一起建设测试环境。测试选在哪里合适呢？当时，米兰的办公室刚刚装修好，还没有实验室。而华为在西班牙已经建有一个移动创新实验室，这是一个自然而然的选择。但我坚持必须在米兰测试，要让客户看到米兰微波技术团队的承诺和竞争力，以此与客户建立长期的合作关系。后来我们成功创建了联合创新中心。

我决定"先斩后奏"。一次和关系很好的客户共进午餐时，我问他们："在下周和华为的正式会议上，能否请你们问问华为是不是在米兰测试？"一周后，客户告诉我："Renato，你还不知道，沃达丰已经跟华为提出在米兰测试了。"

我为此兴奋不已。但没想到的是，客户选择在中国的大年三十（2009 年 1 月 25 日）测试。此时，距离测试不过几周的时间，我们必须非常快速地将实验室搭建起来。

测试工程师胡斌带着十几人的团队远渡重洋，从中国来到米兰帮助我们。我记得有一个周末，我和其他意大利人像木匠一样，把一个个螺丝拧紧，一块块瓷砖装好。一般研究者不会去做铺地板、走线之类的事情，但微波分部就像我们的家一样，每个人都知道它对我们意味着什么。大家都认为这是米兰团队非常关键的时刻，相当于打头炮，一定要打响。因此每个人都很坚定也很投入，没有谁因为要在周末做这些事觉得有问题，都希望能够成功。

不到两周时间，实验室从无到有建了起来。但是产品版本还没到TR4，我们就迎来了测试。

在西安和成都的中国同事也主动放弃了春节和家人团聚的机会，24小时全天候支持我们。每天，米兰、西安和成都三地的团队在客户测试结束后，就开始通宵定位和修改问题，改代码编版本，不断地测试和验证。

这个时候我才理解，"Fen Dou（奋斗）"这个词的真实含义，以及这种鼓舞着华为人前进的价值观。

测试虽然磕磕绊绊，并没有100%完美，但在团队的紧密配合下，两周后我们通过了客户的考验。几天后，当时的固网产品线总裁丁耘来到米兰。我向丁耘解释为什么要在米兰测试，但还是有些担心，因为我"抄近路"，走了一些捷径。丁耘让我不要担心，他说，华为因为我，早就决定将测试放在米兰，而事情也证明，很成功。

对米兰团队来说，这一次测试仅仅是开端，但非常重要。因为我们第一次向关键客户展示了华为的微波技术，向客户证明了，华为米兰不光有研发设计能力，还具备行销、服务方面与客户的连接能力。我们深刻理解和实现了客户的需求。因此，就像汽车需要燃料一样，我也需要这场测试放在米兰。

当面临两种选择时，有时候我们需要提前谋划，而不是等到事情发生时才去行动。实际上，意大利人和中国人很像，会采取非常务实的办法：如果前面有一个障碍，绕过它并达成目标，是最简单的方式；如果不得不面对，我们就尽最大的努力克服它。

一年完成外界认为两年都做不到的事

2008年下半年，当米兰微波分部初具雏形，华为ODU的自研问题也提上了日程。

ODU由合作厂家提供，在性能、技术特点、整体质量等方面竞争力不足，无法与老牌微波厂商匹敌。凭借在微波20多年的经验和判断，作为团队成员之一的我，第一次出差成都期间，提出了"一板设计"的方案。这个方案从产品性能和生产能力上可以超越对手的"两板式"设计，但技术难度更大，对研发团队提出了更高的要求。

大家对新方案产生了激烈的争论。我和米兰团队坚信这一判断，并试着说服其他团队。在经过长时间邮件和电话的"乒乓"后，我和其他微波专家决定从米兰飞赴西安（当时西研刚被批准作为华为在中国新的微波ODU发展中心），和无线产品线的研发团队当面沟通。

那是一个寒冷的清晨，我和Logos一行几人，冒着寒风在古城墙上来来回回走了很久，边走边详细分析新老方案的优劣，试着提前预测所有可能出现的技术性和组织性问题。我对Logos说，我们有信心能够实现新方案，外界说华为两年都做不出 ODU 样机，我们会证明我们不仅能完成，而且一年就能做到。

讨论了足足 4 个小时。虽然彼此都知道，新方案在技术上还存在一定的风险，但我们坚定了这一选择。

最后，我们成功了。我们不仅自研出室外单元，还推出了华为自己的微波产品。我的团队做到了！产品最终命名为 XMC 系列，正式的名称是 eXtreme Modulation Capacity，但我立即想到，XMC 就是"西安、米兰、成都"的简称，意味着三地团队共同努力实现了产品的联合创新开发。

用激进的承诺给团队压力和动力

要打造业界领先的高品质微波产品，很多新的挑战等待着我们。在毫米波范围内的超高频电路设计是业界公认的难题。常规频段的微波产品设计和加工相对独立，到了 Eband（E 频段，80GHz），将电路设计和制造工艺分开几乎不可能。如此高的频率，最微小的缺陷都会导致灾难性的寄生效应，因此在设计阶段，有必要考虑制造上所有可能发生的意外事故，还要保持适当的利润率。由于各种技术和后勤原因，包括在中国一些关键零部件进口困难，因此我决定在米兰制造 80GHz 的部分工艺，也便于和科研团队保持更密切的连接。

我在米兰找到了一位经验丰富的微波制造顾问。在顾问的帮助下，研发团队掌握了制造流程和关键控制点，可以说是产品质量保障的"敲门砖"吧。我们设法制造出在高频下核心器件 SiP（System in Package）的高容量，在中国的工厂完成最后的装配。

因为从未做过 Eband产品，在达成目标前，我们和生产线花了好几个月不断测试验证，解决问题。

那段日子，支持 Eband的专家团队完全没有时间的概念，每天不知疲倦地不停做实验，寻找问题原因。有一次一个新的问题导致产量下降，我记得我和其他工程师从米兰飞到松山湖，和来自西安、成都和上海的团队一起工作，所有人付出成倍的努力直到找到根本原因。这次出差我至今记忆犹新，因为我在家中打篮球时不慎摔断了手，那期间我的手一直打着石膏。

现在我们引领着微波行业，占据市场最大的份额。

（本文摘选自《华为为我设立了一个研究所》，作者：Renato Lombardi，引自《华为人》327期，2016年11月11日）

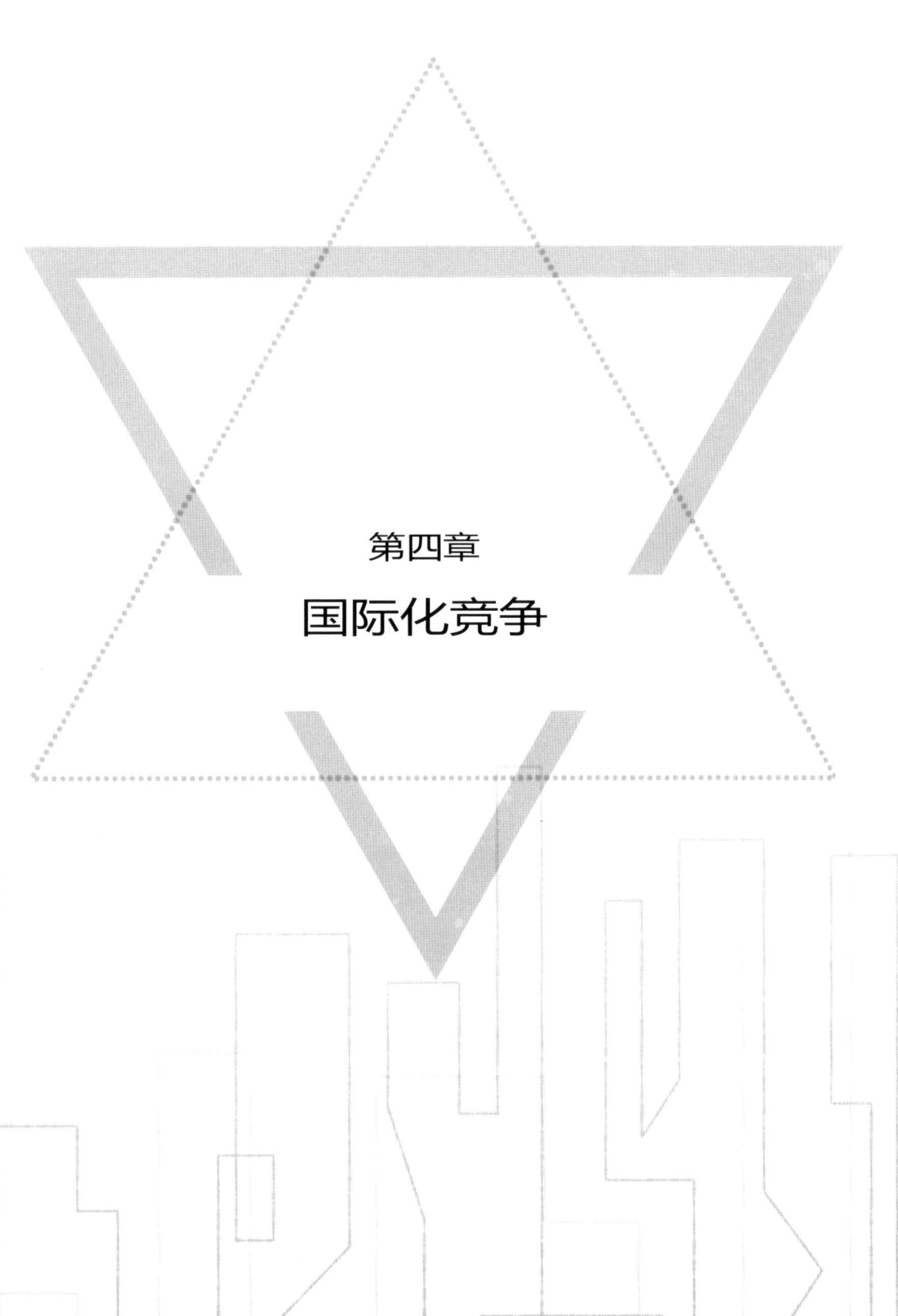

第四章

国际化竞争

华为多年的跨国经营取得了意想不到的成功，一跃成为全球信息通信行业的龙头企业。然而，华为在海外战略布局过程中遭遇重重壁垒，频频遭到"国际友人"明刀暗箭的挑战，比如当年的"思科案"、孟加拉和斯里兰卡贿赂案，又如收购英国马可尼，在美英政府和保守势力的干预下，被爱立信横刀夺爱，还有在印度建厂事件，受到印度政府的安全调查，等等。

华为作为一家中国的高科技公司，要尽情驰骋国际市场，必然要面临激烈的国际化竞争，思科、摩托罗拉等老牌国际巨头都曾将华为告上法庭，而华为则沉着应对，化险为夷，并从中积累了宝贵的经验。

第一节　思科的阻挠

当华为在国际市场已是声名鹊起，产品几乎是遍地开花时，开始将目光转向美国市场。这里虽然是一块成熟的市场，占全球市场的份额比较大，但也是各大通信巨头的势力范围。美国市场的开拓难度超出了所有人的想象，无论是数据网络、光网络还是移动网络都已经被美国本土的企业（如思科）瓜分完毕，接下来的升级改造自然而然地便继续被这些既得利益者延续。

第四代竞争对手

由于思科的长期垄断，已很难找到完全没有思科设备的网络和市场，别的企业完全处于劣势，很难与其进行公平竞争，一些国际巨头也因此失去了竞争能力。如果有企业采用其私有协议，就要受到来自其法律上的打击，私有协议已帮助它消灭了三代竞争对手：第一代是3Com；第二代是康柏、惠普、DEC；第三代则是电信巨人朗讯、西门子、北电、阿尔卡特等。而在2002年，思科CEO钱伯斯称，华为是思科在全球范围内的第四代对手。

被思科称为"第四代对手"证明了华为的实力，但被国际巨头盯上也意味着华为在今后的发展过程中会遭遇到更多棘手的问题。

华为主管数据通信产品的高级副总裁孙业林记得，1998年，华为与思科的头一次正面交手，是在接入服务器产品上。此前，华为一直在做电信级的设备，还未触及思科在中国独霸的领地——数据通信产品。仅用了一年时间，华为就占据了接入服务器新增市场的70%。随后，华为沿着接入服务器、路由器、交换机一路前进，逐步进入了主流网络产品领域。

然而，华为在低端路由器的崛起也同样让已经占据全球网络产品市场80%的思科不安，这种不安唤起了当年思科快速抢占市场时，朗讯以"侵权"名义狙击思科时的记忆，而华为正如当年的思科。

不仅是在中国市场上对思科产生威胁，华为还打入了东南亚、非洲、南美、东欧等"落后市场"。在南美，华为推行的 HCIE（华为认证互联网专家），其影响力已经不亚于思科的 CCIE（思科认证互联网专家）。原来根本不把华为看在眼里的这些巨头，慢慢地感觉到华为将给他们带来威胁。

谈及在中国市场受到中兴和华为等公司挑战时，思科董事长兼首席执行官钱伯斯称："我们尚未遇到全能的竞争对手，通常对手只能在一两种产品上对我们产生冲击。"

在我国"入世"前后，知识产权始终是一个热门话题。先有微软在其国内的反垄断诉讼闹得沸沸扬扬和其行为在许多国家和地区受到指责，甚至被执法机构介入，后有"6C""3C"与我国 DVD 生产者的专利权纠纷。就在 2002 年下半年，在运营商采购中，华为几乎抢到了思科所有的项目，而在国内电信采购紧缩及竞争加剧的形势下，华为海外市场的拓展已成大势所趋。思科不情愿在中国以及亚洲地区的低端数据设备市场失势后，又将美国以及欧洲的广大市场拱手让人。面对华为这个"价格杀手"，思科已明显意识到华为已不再只固守其熟悉的亚洲市场，而正以相当的实力向思科在北美的薄弱地区挺进。

华为咄咄逼人的行事风格

华为咄咄逼人的行事风格可以说是思科起诉华为最直接的原因。

2002 年，华为设立美国分公司之后，华为专门策划了一个暗示性极强的广告：一边是金门大桥和路由器，另一边是金门二桥和相似的路由器，广告词意味深长地说："它们唯一的不同，就是造价。"显示出其咄咄逼人的行事风格和低价格的产品。但是它触怒了行业巨头思科公司。"华为在国内的这些做法我们从来不加理会，这里就是这样一个具体的商业环境。但是它把这些带到了美国，（思科）股东们看了非常生气。思科怎么能这样放任竞争对手呢？如果我们不对华为采取一些措施，股东们是不会同意的。"思科中国北方区一位销售经理在接受《环球企业家》采访时称，这是思科起诉华为最直接的原因。

美国，知识产权纠纷是常态

2003 年 1 月，网络设备第一制造商思科公司宣布对华为提出诉讼，指控中国最大的电信设备制造商华为非法复制其知识产权，包括源代码和程序蓝本。它还指控华为复制了它的文档和一些有版权的材料，以及侵犯了几项他们公司的专利。思科在长达 77 页的起诉书中指控华为在多款路由器和交换机中盗用了其 IOS（Internet work operation system 互联网操作系统）源代码，使得源代码中的文字符、文件名以及程序瑕疵都存在雷同现象。还指控华为 QUIDWAY 系列路由器和交换机的技术文件、路由器的命令行接口等软件侵权，以及对思科拥有的至少五项与路由器协议相关的专利侵权。

事实上，华为遭遇的这场诉讼并没有多么不可思议。不少日韩企业在二三十年前曾经历大量包括知识产权诉讼在内的贸易争端案例——那时正是日韩企业成长到足以冲击既有国际市场格局的时候。在美国，知识产权绝不是个把企业的商业纠纷问题。1982 年的

IBM 和富士通一案，正值日本计算机业大举进军之时，美国政府立即在反垄断和保护美国企业利益间做了取舍，修改了美国著作权法，于 1982 年将 IBM 的操作系统程序列为保护对象，IBM 随即状告富士通侵犯其软件版权和手册著作权。

思科的阴谋

对于思科和华为在美国的知识产权纠纷，思科副总裁兼首席法律顾问马克·尚德勒（Mark Chandler）说，这是思科首次通过法律手段保护自己的知识产权。他说："思科从不轻易采取法律行动。但是，华为非法盗用思科的知识产权，并拒绝思科提出解决这些问题的多次要求。除了采取法律行动以外，思科已经别无选择。"思科称这是公司成立 17 年来首次主动起诉，而华为则称这是公司成立 15 年来首次被起诉。实际上，思科曾经频频被告。在思科高速成长的 2000 年，朗讯和日本 FUJITSU 等公司曾群起控诉思科以挖人方式盗用竞争对手的知识产权，为此思科当年背负了 67 项罪名。具有戏剧性的是，思科首席执行官钱伯斯当时辩白说，利用知识产权的名义指责竞争对手是对创新的亵渎。但是三年后，思科却以相似的理由把华为推向被告席。

华为在处理这场危机的时候比较低调，和国外的媒体并没有多少沟通。Tradewind Strategies 咨询机构创始人布鲁曼菲尔德一再强调："对美国的媒体保持沉默是大错特错。"尽管在国内，公司对媒体沉默并不奇怪，但显然美国的公众无法接受东方式的谦和与沉默。华为对美国媒体的缄默被视为不屑和傲慢，这加深了公众对中国公司的不信任感。

与崇尚低调和信息封闭的华为相比，思科一向注重和外界的联系和沟通，于是在这场诉讼开始时，思科不仅在美国得到了强大的舆论声援，而且还得到了中国许多知名媒体的支持。"侵权似乎是中国企业的原罪。"华为负责海外宣传的李杰在接受《中国企业家》记者郭海峰采访时说。在美国公众眼里，中国公司根本不可能制造出高科技产品，即使有也一定是依靠侵权起家的。这种根深蒂固的观念，使得美国舆论几乎一致认定华为窃取了思科的东西。美国几家最著名的财经媒体在官司一开始，就对华为侵权做出了肯定性报道；美国媒体甚至怀疑华为具有军方背景，他们认为一个年收入数十亿美元的公司没有上市，一定有不可告人的股权安排。

2003 年正是华为拓展欧美市场的关键时刻，很多欧美客户因此暂停了与华为的项目合作。

战争以"和解"结束

2004 年 7 月 28 日，经历了 1 年 6 个月零 5 天的交锋，华为与思科的知识产权案最终以和解拉上了帷幕。按诉讼所在地美国德州东区法院马歇尔分院的法令，终止思科公司对华为公司的诉讼，双方签署的和解协议不对外公开。另外，各方的律师费用、诉讼费用及相关其他费用都由各方自行承担。思科表示，华为已经同意修改其命令行界面、用户手册、帮助界面和部分源代码，以消除思科公司的疑虑。华为表示，华为主动对有争议产品进行修改，只是为了避免争端，并不是华为侵犯了其他公司的知识产权。

"美国的知识产权诉讼往往旷日持久，双方以和解结案，从而避免了耗费时日的法律大战的继续，"上海大学知识产权学院院长陶鑫良表示，"从这个意义上看，双方应该是双赢的。"

"但是从另外一个角度来看，双方实际上是双输。"同时，陶鑫良指出双方在这起知识产权纠纷中失去的东西也不能忽视。他认为，对思科来说，发起这场诉讼的醉翁之意当在酒外，不重赔偿重市场。思科希望通过诉讼将华为的相关产品一股脑儿赶出美国市场，并在世界范围内造成华为侵害思科知识产权的怀疑情绪和舆论影响，既保住思科之美国市场，又降低华为的国际商誉。但现在的结局却以和解结案，而华为早已主动撤出美国低端产品的市场，给华为及其合作者的高端产品留下了美国市场空间。该案从一定程度上推动或者促使了华为与 3Com 公司的结盟，这一结果恐怕并非思科之初衷。

2004 年 7 月底，赴京与媒体见面、作总结的不是参与这场官司程度更深的郭平、费敏，而是徐直军；在思科诉华为案中，华为自始至终没有安排在这场官司中的一线指挥员郭平接受媒体专访。据华为有关人士说，这符合了任正非的"英雄观"："管理层要淡化英雄色彩，实现职业化的流程管理。即使需要一个人去接受鲜花，他也仅仅是代表，而不是真正的英雄。"

在思科与华为博弈的一年多时间里，中外知识产权纷争不断出现，而结果大多以中方"失利"而告终。恰在此时，华为与思科的和解让国人看到了希望，也给中国企业增强了信心。可是，和解的背后也让华为以及中国科技产业界付出了巨大的代价。

华为认为，在这场官司中，华为更进一步地学到了如何去保护和真正尊重他人的知识产权，同时也学到了如何保护自己的知识产权，这对华为以后处理这种知识产权的纠纷提供了很好的演练机会和经验积累。也就是说未来如果再有这种事情，华为也能够充分应对。

"思科案"结束后，华为又陆续受到诺基亚、阿尔卡特、西门子的专利"勒索"，这可能是 2004 年后华为 PCT 专利申请爆炸式增长的背后原因。

第二节 "私有协议"之争

21 世纪全球经济以全球化、知识化和网络化作为主流，国际市场也呈现出了前所未有的新的竞争。标准作为推动科技与经济结合、参与市场竞争和扩大技术垄断的重要手段，日益成为跨国公司、国际大集团公司的竞争焦点。在当前国际竞争日益激烈的形势下，发达国家企业越来越重视技术标准战略的运用，将技术标准作为实行贸易保护的重要壁垒，作为保护本国市场和占领别国市场的武器。

中国科技大学前副秘书长，现为中国科学院副秘书长汪克强在接受《中国汽车报》采访时说道："商品贸易、服务贸易和知识产权称为 WTO 的三个支柱，其实前两者中也包含了知识产权保护问题。因此，企业在国际化过程中必须注重知识产权的开发与保护，并能有效运营知识产权，才能在知识经济时代的激烈竞争中克敌制胜。"

　　专利权是一种私有特权，是人类社会经济活动从无序竞争到有序竞争过程的一个转变，是人类文明活动的一种规范行为。专利权既保护专利技术发明人拥有的权利，同时也对专利技术发明人进行一定的行为约束，即专利技术要向社会公开，专利权过了一定时间就会失效，独有技术就会变为大家共享。因此，在一个没有专利权保护的国家，经济是不可能有序发展的，恶性竞争的结果将是造成经济秩序全面混乱，使参加竞争的主体最后两败俱伤，造成社会资源和自然资源严重浪费。

　　中国企业在走出国门途中遭到海外一连串的知识产权"围剿"。先是法国、美国、加拿大公司要求国内电视企业缴纳专利费，并以显像管、集成电路等配件上的专利权被侵犯为由，要求本国海关扣押从中国进口的电视机。随后，又有公司要求华为、大唐电信、东方电视等企业支付高额知识产权许可费。日本等外国的公司向国内企业发出律师函，要求中国企业停止生产数码相机、优盘等产品。

　　可以看出，近些年来，知识产权与技术创新领域出现了一个新特征：技术标准专利化。知识产权与技术标准关系日益密切，并与技术创新交织在一起。技术标准与专利的捆绑，是今天世界技术标准发展的重要趋势。技术标准的背后是专利，而专利的背后就是巨大的经济利益。

　　目前，许多发达国家、跨国公司和产业联盟都力求将自己的专利技术变为标准，以获取最大的经济利益。如果说，一个单项的专利技术只影响一个企业的利益，那么，当这项专利上升为国际标准的时候，它就能影响这个行业。

具有标准竞争力的企业的策略是"产品未动、标准先行"，在某种产品投入大规模生产之前，就试图制定和控制产品的行业标准。可以说，"技术专利化、专利标准化、标准垄断化"作为企业增强竞争力和扩大市场控制力的重要策略而被竞相采用。

据知识产权专家王先林介绍："现代通信网络是一个复杂的大系统，由众多的设备通过复杂的流程才能实现通信功能。由于互联互通是通信网络的基本要求，各种设备必须遵循共同的规范和约定，这就是通信标准或协议。标准有'法定标准'和'非法定标准'两类，前者为国际或国家标准化组织批准和发布，后者是未经任何标准化组织，为广泛实际应用所认可的事实标准。事实标准又有公开与不公开（包括不转让、不授权）两种。不公开的事实标准可称为'私有标准'或'私有协议'。"

典型的是美国微软公司的 windows 操作系统标准和英特尔公司的微处理器标准，得到世界公认，美国学者称之为"WinTel 事实标准"。这类事实标准虽然因单个企业一般难以垄断当今市场而数量很少，但其一旦占领市场、形成垄断，后果却很严重。2004 年美国思科公司诉华为公司一案中，思科的"私有协议"即属于这一类事实标准，由于思科在互联网设备上的垄断地位，其"私有协议"事实上已经成为行业标准和国际标准。

根据《通信世界》调研部、《投资与合作》杂志专题部的分析，"'私有协议'本质上是厂商内部发展、采用的标准，除非授权，其他厂商一般无权使用该协议。私有协议也称非标准协议，就是未经国际或国家标准化组织采纳或批准，为某个企业自己制定，协议实现细节不愿公开，只在企业自己生产的设备之间使用的协议。私有协议具有封闭性、垄断性、排他性等特点。如果网上大量存在私有（非标准）协议，现行网络或用户一旦使用了它，后进入的厂家设备就必须跟着使用这种非标准协议，才能够互联互通。否则，根本不可能进入现行网络，这样使用非标准协议的厂家就实现了垄断市场的愿望。"

"标准、协议对通信网络互联互通的实现有着非常大的重要性。现代通信网络是一个复杂的大系统，由众多的设备、通过复杂的流程才能实现通信功能。由于互联互通是通信网络的基本要求，为了实现互联互通，各种设备必须遵循共同的规范和约定，这就是通信标准或协议。在数据通信网上有更多的应用'协议'。"

思科起诉华为公司侵犯其知识产权一案之所以引起中国产业界的关注，最为核心的问题是，私有协议已不可避免地成为我国互联网产业发展和信息制造业发展的一大障碍。

思科对专利的利用也就是上文提到的"技术专利化、专利标准化、标准垄断化"的标准垄断。资深安防专家和标准专家在其文章《中国安防业如何实施三大战略》中写道："20 世纪末和 21 世纪初，发达国家都在国家层面上和行业层面上开展标准战略研究，引导和鼓励企业或企业联盟实施"技术专利化、专利标准化、标准垄断化"战略。这样做在一定限度内是可行的，如果超过了限度，不正当地拒绝许可他人利用其专利或在许可过程中附加了明显限制竞争的条件，均构成滥用专利权或滥用市场支配地位，违反了《反垄断法》，就要受到法律的制裁。"

美国《商业周刊》发表文章，认为思科诉华为案折射出中国在知识产权管理和产业布局上有 3 大缺失：

1. 中国企业管理层没有法律专家。

中国企业核心领导层往往由创业者、营销专家、财务专家或技术专家构成，没有法律专家。因此，企业无法在日常运营中预见投资、技术研发和产品推销方面的法律风险。此外，中国企业缺乏法律部门，在签订的合同中存在大量问题，宁肯花上百万元去打广告，也不愿意出钱聘请法律专家坐下来帮助企业搞清楚专利权的细节问题。

2. 不重视"标准"中的知识产权隐患，造成被动和损失。

中国在移动通信、摄像、录像、DVD、互联网以及银行信用卡等经济领域中没有自己的技术标准，而引进标准的同时却忽视了知识产权。中国人在翻译国际电工、欧盟数字电视联盟、美国的 MTV 以及 DVD 标准条款时，略去了有关专利等知识产权问题，以为标准公开就可以使用，没有注意到标准里的专利是要付费的。

3. 没能够防止外国企业在产业布局上的"布雷"。

中国企业注重引进外资，却没有能够在技术合作上根据法律争取自己的利益。

例如：据与美国波音公司合作的两大企业的总工程师反映，在与波音公司合作完成的所有产品中，中方人员率先提出过很多建议和方案，但只有美方工程师有权签字认可。其中许多方案中国人可以申请专利，但中国工程师不但没有权利申请专利，甚至连提建议的权利也没有。"因为当初的合同就是那么签的！"这表明中国某些管理部门的产业布局能力和知识产权意识欠缺。

　　总结以前的众多侵权案，康信律师事务所律师余刚在接受《IT经理世界》杂志记者孙丽采访时说，一个企业拥有专利的多少，已经成为市场竞争的准入门槛和游戏筹码。你有 100 个专利，我有 60个，你告我 3 项侵权，我也反诉你 1 项侵权，最终结果往往就是和解、互相许可或者后者再补贴前者一些专利使用费。这就是知识产权的游戏规则，也是 90% 的知识产权侵权案以和解告终的主要原因。正因如此，韩日企业在国际化过程中学到的第一个经验就是拼命在本国和海外注册专利，获取游戏的筹码。

　　华为在与思科的竞争中同样学会了利用专利进行自我保护。华为在全球知识产权组织 2008 年度知识产权申请数量排名中名列第一，这标志着华为正面向世界，决心在世界范围内捍卫其知识产权。如今的时代，已经不是卖专利的时代，而是到了卖标准的年头。国人欣喜地看到，华为公司不仅经常出现在国际电联的专题 NGN组、欧洲电信标准组织 ETSI、3G 标准组织 3GPP 和 IETF 里，而且还能产生较大的影响力。中国电信和华为公司提出的"IP 电信网（IPTN）"的概念得到业界的广泛接受，形成了 ITU-T 的 Y.1291 标准。华为 2017 年年报显示，截至 2017 年 12 月 31 日，华为加入 360多个标准组织、产业联盟和开源社区，积极参与和支持主流标准的制定、构建共赢的生态圈，面向云计算、NFV/SDN、5G 等新兴热点领域，与产业伙伴分工协作，推动产业持续良性发展。

第三节　在东南亚受阻

作为中国电信设备商海外拓展的先驱，华为在海外市场过得并不一帆风顺，而是屡屡爆发"安全门"危机。在争夺海外订单的过程中，中国的电信设备厂商往往报出很低的价格，凭借着价格优势给当地设备厂商造成了很大冲击。长此以往，部分市场自然会抵制这样的价格战，从而形成非贸易壁垒。

孟加拉国和斯里兰卡贿赂案

2005 年，斯里兰卡媒体披露，华为涉嫌贿赂孟加拉国官员。在此消息的传播过程中，又逐渐被演绎成"华为贿赂斯里兰卡现总理"。华为新闻发言人傅军向《国际先驱导报》澄清："这纯粹是有人在背后恶意陷害，孟加拉国当地的报纸，从未说过华为有任何涉嫌行贿的事情。"真实的情况是：华为在孟加拉国的项目于 2002 年启动，2003 年通过相关技术评标，2004 年 6 月，该项目尘埃落定，华为获得了 3500 万美元的合同。合同签订时，BTTB 要求华为为其提供终身免费服务，但是由于移动项目中服务投入较大，华为在签订设备合同时没有同意。

关于斯里兰卡风波，傅军解释："在海啸捐款中，华为总计为 5 个国家捐助了 2000 万元人民币和价值 2000 万元人民币的设备，其中包括向斯里兰卡总理账户汇入的 10 万美元。后来这笔款项被斯里兰卡官员挪用。"

华为必须要有清醒的认识，价格是企业在竞争中取胜的杀手锏，但价格不是决定国际市场的唯一因素，非市场因素的干扰也是重要的原因。比如其中掺和一些政治和其他方面的因素。这就需要"走出去"的中国企业注意规避风险，通过加强与当地企业的合作，消除不信任感和误解。

印度受阻

在既不能吃到高附加值"奶油"，蛋糕的分享也局限于低利润空间的前提下，中国的设备供应商还时刻面临着印度政府"国家安全""工作签证""汇率风险"等一系列问题。

近年来，印度电信市场巨大的容量和高速增长态势，使得爱立信、阿朗（阿尔卡特－朗讯公司）、华为、中兴这些通信设备商不断加大在印度的投资，设立分部，跑马圈地。然而，近年来，印度政府将中国企业视为自己的强劲对手，多次加以打压。

2006 年 3 月，华为对外宣布，为满足印度对电信设备日益增长的市场需求，计划投资近 1 亿美元在该国组建一家制造加工厂。印度为了吸引外资、发展经济，于 2005 年颁布了《外国直接投资政策》。根据该政策，华为公司所属的电信设备制造领域以及和记黄埔所从事的集装箱港口都可以允许 100% 的外资持股，且自动批准，无需印度政府审批。但当中国企业想要投资之时，印度却觉得中国的钱"烫手"，不敢轻易拿来，屡屡以"安全"为由将中国公司拒之门外。

2005 年 8 月中旬，由印度情报局、通信部、国防部、外交部等部委人员组成的印度总理内阁小组会议将对华为的追加投资问题进行评估。2006年11月，印度电信部已经对华为在印度建立制造工厂的提案表示看好。但是华为的计划却遭到了印度内政部的强烈反对，理由是存在"安全威胁"。

对于印度政府暂缓华为投资一事，华为（印度）有限公司董事龚温合说："从印度官方说，不是针对华为，印度政府正在制定外国直接投资在通信领域的指导政策。在规则出台后，印度政府应该会考虑其他公司和华为的申请……我们还没有得到许可证的批复，我们相信评估过程还在继续。这是很正常的，任何外国投资申请都需要审批。我们会得到印度政府的正面答复，对此我们充满信心。"

2009年12月，正在印度市场辛勤耕耘的中国通信设备制造商，突然遭遇印度方反倾销贸易保护主义"杀伤"。印度财政部宣布，将对原产于中国的同步数字传输设备（SDH）征收临时反倾销税，最高为产品进口价格的236%。其中对上海贝尔征收的反倾销税为29%，华为征收50%，中兴通讯、烽火通信更被征以236%的重税。众所周知，印度政府是担心华为在印度的投资危及国家通信网络的安全。

印度《经济时报》报道称，为了保护印度国家安全及其国内服务提供商的利益，印度政府计划对外资，尤其是对有安全担忧的通信网络设备供应商的产品实施严格的安全检查制度。由此华为和中兴的每一种电信产品在出售给印度运营商之前，都要面临印度政府的严格测试。

第四节　在欧洲收购受阻

中国的国内通信设备市场规模虽然庞大，但是华为、中兴要想进入国际通信设备巨头行列，走国际化道路是必然选择。事实上华为、中兴在近几年也是正轰轰烈烈地走全球化道路。其中华为更是凭借技术、市场营销等方面的优势进入西欧等成熟的电信设备市场，与诺基亚、爱立信、摩托罗拉展开市场厮杀。

自 2005 年 8 月初传出华为可能收购马可尼的消息到 10 月末爱立信入主马可尼尘埃落定，短短 3 个月的时间华为遭受多方阻挠，备受关注。

马可尼股份有限公司是由人称"无线电之父"的古列尔莫·马可尼于 19 世纪 80 年代创立的。古列尔莫·马可尼曾完成了第一次横跨大西洋的无线电波传送、第一次 SOS 紧急信号的使用和第一次公共无线电广播。

1896 年 6 月 2 日，马可尼在英国取得第 12039 号发明专利证书，时年 22 岁。在马可尼传奇的一生中，1933 年 12 月 7 日至 12 日，曾到我国上海访问，宣传普及无线电知识，他特别讲道："贵国地大民众，无线电最有用处，望贵国人士深明此意，联络民众，交换情感，可造成一强大无比之国家。"由马可尼创办的马可尼公司，在 20 世纪风光无限，在全球享有不小的声誉，电信巨头的名头和大量专利，仍使其成为待购市场上的"畅销货"。马可尼公司曾是世界上发展最快的通信及 IT 公司之一，在 19 个国家建立了研发中心，在 16 个国家设有生产基地并为 100 多个国家的用户提供服务。

马可尼公司是一个老牌的电信行业的巨头。电信业是个新兴的行业，进入 21 世纪之后发展更是迅猛，全行业都在高速发展，而此时，马可尼公司却开始走下坡路。

据驻英使馆经商处逄炜的介绍，2005 年初，华为与马可尼公司签署了互售产品的协议，双方相互利用对方的分销渠道销售产品，华为在部分国家和地区的服务外包给马可尼，并且联合马可尼开发新产品，通过共同的分销渠道销售。2005 年 4 月底，华为中标，成为英国电信公司计划总投入 100 亿英镑（178 亿美元）的"21 世纪网络"计划的 8 家首选供应商之一，得到国际一流电信运营商的认可。马可尼公司由于身处困境，在本次竞标中落选。

2005 年 8 月，据《泰晤士报》等媒体报道，英国电信设备制造商马可尼公司（Marconi Corp.Plc）首席执行官麦克·帕顿（Mike Parton）确认，该公司已与华为初步商谈收购事宜。

如果华为成功收购马可尼的话，华为将从这次收购事件中获取很大收益。华为可以借助马可尼的力量，加快实现将海外市场的重心从非洲转移到欧洲的战略意图，打通英国的业务，不仅能在英国占有一席之位，还可以利用马可尼在英国、法国和比利时的客户资源，打开西欧市场。可以利用马可尼的人力资源和与欧洲很多运营商的长期合作关系，更有效率地来执行其所获得的"英国电信集团 21 世纪网络"优先供应商的职责。

没有料想到的是"半路杀出个程咬金"。此时瑞典无线设备制造商爱立信提出 13 亿英镑估价，收购溢价近 100%，是华为之前出价 6.82 亿英镑的近两倍。然而，截至 2005 年 6 月，马可尼第一财季亏损 3600 万英镑，销售收入持续下降，市值仅为 6.5 亿英镑。最终，爱立信以 12 亿英镑收购了马可尼 75% 的资产，此次沸沸扬扬的收购事件彻底落幕。爱立信花如此大的本钱来抢购马可尼，显然是在阻击华为，尽可能地拖延华为在欧洲扩张的步伐。

爱立信正式并购马可尼，也标志着此前计划收购马可尼的华为最终退出了竞购。尽管爱立信强调，收购马可尼是着重于未来业务整合，但业内人士认为，其最大可能是应对华为等中国通信企业的崛起。爱立信通过此举阻止了华为在欧洲市场上的迅速成长，同时也不让自己在欧洲市场的份额进一步受到挤压。由于爱立信在中小国家市场遇到了中国通信企业的强大竞争，这项收购也能够有效阻挡其他中小竞争者的加入。

2008 年 8 月，爱立信董事长泰斯库（Michael Treschow）坦言爱立信正感受到来自中国华为的竞争威胁。爱立信面对媒体一向较为坦然，公司董事长泰斯库、前 CEO 思文凯（Carl-Henric Svanberg）、CFO 卫翰思（Hans Vestberg）近年来在财报发布会等多个场合上，都表明了华为毫无疑问是爱立信最大的竞争对手。

第五节 "专利"战争

华为的所有出口产品均为高科技产品，也是华为的自主品牌。也就是说，华为的海外战略从一开始就选择了一条最艰难的道路——自主品牌出口。

从代理进口模拟交换机起步，为了企业长远的发展，华为决心拥有自己的技术，打出自己的品牌。目标明确之后，年轻的华为义无反顾，心无旁骛，把代理销售获得的微薄利润不断投入到小型交换机的自主研发上，从一个个局部突破开始，逐步取得技术的领先，继而带来了利润，壮大了实力。

"带着自己的品牌闯天下。"满怀激情的华为人豪迈地走向了世界，然而迎接他们的却不是鲜花和美酒。开拓国际市场的艰难程度远远超出了华为人的想象，他们这样总结最初的历程："屡战屡败、屡败屡战。"

华为一直有着以技术求生存的意识，虽然技术创新背后是巨大的风险，大量的技术创新投入有可能会血本无归，但是华为还是选择了挑战风险，一直将技术创新作为企业发展的中心环节。

华为模式的成功某种程度上改变了世界对中国企业和中国产品的看法。2005 年 4 月 28 日，英国电信宣布其 21 世纪网络供应商名单，华为作为唯一一家中国厂商，与国际跨国公司入围"八家企业短名单"。英国电信对于供应商的选择在业内以苛刻著称，尤其对于此次被称为业界最具前瞻性的下一代网络解决方案。品牌出口的重要基础之一是技术，特别是高科技行业，没有核心技术，品牌会空壳化，没有生命力。所以，华为从一开始就非常重视自主创新的技术路线。

进入知识经济时代，知识产权与各行各业休戚相关，它要求每一个企业在各自领域作出努力，获取知识产品。从长远看，企业要生存发展，要想在更大程度上参与国际间的竞争，也必须更多地依靠和运用知识产权来激励和保护自己，提高掌握和运用知识产权来保护自身的能力和水平。为了更顺利地进行国际化扩张，华为越来越重视知识产权工作。华为是一家技术型公司，走出国门参与国际竞争，不可避免地会遭遇技术壁垒，来自思科、摩托罗拉的诉状，就是对逐渐壮大的华为公司蓄谋已久的"专利"战争。

2010 年 7 月 20 日，摩托罗拉用一纸诉状将华为告上美国伊利诺伊州北区联邦法院，控告华为在 2001 年到 2008 年期间窃取其商业秘密。华为方面回应说，华为尊重他人的知识产权，大多数技术都是自主研发，并没有窃取他人的商业秘密。

2010 年 7 月，诺西公司宣布以 12 亿美元收购摩托罗拉的无线网络业务资产。诺西公司是 2006 年成立的诺基亚西门子网络公司，2013 年更名为诺基亚解决方案与网络公司。此次一旦完成收购，诺西将成功赶超华为成为全球第二大电信设备商，份额仅次于爱立信。自从 2000 年开始，华为就为摩托罗拉代工无线网络设备，摩托罗拉的无线网络产品使用了大量的华为的专利技术，如果诺西完成对摩托罗拉的业务资产收购，显然就可以名正言顺地使用华为的技术。当时业界分析，摩托罗拉之所以先提起诉讼，就是为了混淆公众的视线，在舆论中占据制高点，这对摩托罗拉排除交易干扰非常有利。但结果出乎摩托罗拉的预料，华为正面迎战。

2011 年 1 月，华为将摩托罗拉和诺西一同告上了美国伊利诺伊州北方区法院，直指诺西收购案中将涉及华为的知识产权。华为在诉状中称"此类转移如按其最初预期的形式完成，将导致华为大量秘密信息泄露给诺基亚西门子网络，从而给华为造成无法弥补的伤害"。此后，3月9日，中国商务部作出裁定，对于诺西并购摩托罗拉无线基础设施资产推迟审批60天。此前，摩托罗拉与诺西曾计划于2010年底完成交易，但因中国商务部审查而不得不将完成日期推迟至2011年3月底。至3月底，诺西再度发表声明，称该并购案已进入中国政府商务部反垄断局第三阶段评审，但交易无法在2011年第一季度完成。

一场剑拔弩张的"专利战"越演越烈，业界人士纷纷关注案件发展态势。

2011年2月底，美国伊利诺伊州北方区法院做出裁决，禁止摩托罗拉向诺西转移华为的保密信息，并且要求摩托罗拉聘请独立第三方进行华为保密信息的安全删除检查，允许华为对诺西维护摩托罗拉设备的服务记录进行审计等要求。

为了不将事情闹大，双方都有和解的意向。2011年4月13日，华为和摩托罗拉共同发表声明宣布双方达成和解，华为已经获得了摩托罗拉的相关赔偿。双方各自撤回在美对对方的指控，摩托罗拉向华为支付转让费后，将与华为之间的商业合同转移给诺西，使诺西能获得及使用华为的保密信息。

摩托罗拉同意赔付华为一定金额的专利转让费，这就意味着摩托罗拉已经承认了华为的知识产权，这是对华为的品牌形象、专利实力以及商业操守的充分肯定。业内专家表示，此次和解达成了在高科技领域发达国家企业向发展中国家企业给予赔付的先例，这是中国企业界在知识产权上的重大突破。

舆论纷纷称此次专利案件达成和解洗刷了当年思科诉讼案耻辱。

因为，2002 年，华为在美国与思科涉及知识产权的诉讼，虽然双方最终达成庭外和解，但让在国际舞台上刚刚起步的华为蒙受了巨大的商誉损失。

电信业分析师付亮认为，当年思科诉华为时，华为对知识产权的认识并不清晰，对来自强大竞争对手的指控毫无心理准备。此番华为与摩托罗拉专利案的和解，表明华为已经度过在国际上发展最艰难时期，懂得用游戏规则保护自己。

知识产权是参与国际竞争的基本条件。缺乏核心技术、技术能力和自有知识产权，便无法从根本上保障企业国际市场拓展的安全，最终也无法突破成本要素价格上升带来的发展制约。仅有制造能力，企业很难抵御产业"冬天"和成本高企的双重打击；只靠商业模式维系，企业也难摆脱本土竞争者的模仿赶超，遑论走出国门"与狼共舞"。因此，在积累了一定市场容量和现金流以后，这样的中国 ICT 企业亟须克服组织浮躁，树立"十年磨一剑"的组织文化，坚持发展自身的技术能力，通过多种渠道积累有价值的专利组合，实现技术能力和商业模式的平衡发展。

第六节　发挥知识产权护航和领航功能

"一流公司做标准、二流公司做品牌、三流公司做产品"，从技术专利化到专利标准化，再到标准垄断化，跨国公司不断利用标准垄断来维持强化自身的竞争优势。国内一些产业与企业已经意识到了这一严峻形势，并努力打破这种标准垄断，比如在全球 3G 领域，TD-SCDMA 标准成功地让中国通信业占据了一席之地，国内相关产业链正在形成当中。

TD-SCDMA 是我国自主知识产权的 3G 标准，与欧洲 WCDMA、美国 CDMA2000 并列为全球三大 3G 国际标准。2002 年 10 月 30 日，大唐电信、南方高科、华立、华为、联想、中兴、中国电子、中国普天等 8 家通信企业作为首批成员，成立了 TD-SCDMA 产业联盟。

由于现代科技的复杂性，单个企业很难独霸核心技术，当实力相当的企业在相互竞争中难分胜负时，往往寻求合作与协调，通过知识产权的交叉许可形成产业联盟。TD-SCDMA 产业联盟就属于这种联盟。

由国家三部委联手操办，由八家知名企业加入的 TD-SCDMA 产业联盟的成立，正式终结国家对 TD-SCDMA 标准未来发展规划的暧昧态度，使我国这个自被 ITU（国际电联）承认即陷入长期纷繁猜疑困境的首个拥有自主知识产权的移动通信标准终于柳暗花明。

中国移动、联通都已组建了自己的产业联盟，如梦网联盟、联通在线，华为公司也在 2004 年 10 月召开了 SP 联盟大会，100 多家 SP/CP 参加，缔结了技术联盟，3G 产业链也已初步孕育。

2005 年 3 月，西门子与华为的合资公司——TD Tech Ltd.（鼎桥通信技术有限公司）正式挂牌。该公司为加大 TD-SCDMA 业务研发力度而设。华为选择西门子在 TD-SCDMA 方面展开合作，则是看重了西门子在 TD 方面拥有的专利数量最多。而华为与西门子的联合，在技术标准、核心专利、系统设备及其解决方案上亦成为一股独立的力量。

对于 3G 启动，2008 年 12 月国金证券发布报告称，中兴和华为将是 3G 最大受益者。"3G 启动，中兴和华为将是 3G 通信系统的最大受益者：中兴和华为在 CDMA2000 设备提供商中的优势日益明显，预计未来 1 ~ 2 年内合计市场份额将达 65% 左右；中兴和华为在 WCDMA 合计市场份额预计在 55%；国内设备商在 TD-SCDMA 领域将处于绝对垄断地位，预计份额将超过 90%。"

在技术方面，华为等一批厂商已经具备提供从终端到网络设备、业务平台及方案的端到端 3G 解决方案，包括 TD-SCDMA、WCDMA、CDMA2000 制式。中国运营商的最大优势是超级用户资源和相对垄断背景下的利润积累。借助华为一贯的技术优势，经过多年的耕耘，华为在 3G 终端领域取得了累累硕果，华为的 3G 手机已经在海外规模商用，3G 数据卡也在全球处于领先地位。

市场竞争的历史与现实反复告诉我们，欲夺市场，先抢技术。一个有作为的企业，一个优秀的企业家，其强烈的市场观念，在很大程度上首先表现在企业的技术竞争方面。跨国公司是知识产权最主要的使用者和坚定的维护者，他们都会利用知识产权这一"利器"去拓展全球市场。

在高强度投入技术创新的同时，华为也极为重视以知识产权保护技术创新。1994 年华为基于 C&C08 交换机平台技术推出 C&C08 语音平台。在 1994 年底，该系统遭到多家竞争对手的抄袭，甚至多家竞争对手反而说是自己先推出的，使华为的"语音邮箱系统"陷入了"权益门"。后虽经多方验证，还了华为的"语音邮箱系统"以公道，但是这个事件足以引起只知道快速研发、埋头苦干的华为研发部门的深思。

于是在 1995 年，华为就率先在国内企业中设立了知识产权部，统一负责整个公司的知识产权事务，把保护技术成果、扩大专利的拥有量作为知识产权工作最基本的内容。这也是华为专利申请量逐年增加并实现国内外第一的一个重要原因。

据《华为研发》一书的记载，华为还投入了大量的人力和物力，先后制定了《员工保密协议》《华为人行为准则》《文档保密管理规范》《计算机网络管理规定》等一系列规范和制度。华为还与每一位员工签署了有关协议和承诺书，员工保证不伤害公司的利益，不做任何侵犯公司知识产权的事情，使员工与华为之间形成了严肃的契约关系，这些承诺包括在离开华为后的若干年内，员工不能从事与华为形成竞争关系的工作。

华为在新产品立项研发时专门加入了知识产权的评审，一方面要评审该项技术是否有申请专利点，加强创新和知识产权保护的意识；另一方面也要评审该项技术对国内外知识产权是否有侵权点，避免产品研发过程中无意识地侵犯别人的知识产权，避免今后出现知识产权的纠纷。

2015 年 6 月，华为高级副总裁宋柳平先生在一次演讲中提到，华为整个结构设计，包括创新能力和知识产权，都是围绕着经营目标来设计的。所以，华为没有所谓的独立知识产权战略，一切战略目标都是使自己能够存活下来，并能够在竞争中不断地发展。这是华为知识产权顶层设计的精要。近些年来，中国部分企业的知识产权特别是专利功能出现了一些异化现象，如为了获得政府资助或奖励而申请专利，为了获得高新技术企业资格而不得不申请专利，为了资本市场融资需要而紧急申请专利等。这些现象表明企业的知识产权疏离了经营战略目标，未能实现知识产权与企业经营战略的动态匹配。从华为的历程可以看到，只有将知识产权嵌入企业整体经营战略，围绕企业不同发展阶段的经营目标，有重点地发挥知识产权的"护航""导航"和"领航"功能，才能保障企业全球运营安全，赢得可持续竞争优势。

如果说历时一年半的思科诉华为案给华为人上了一堂生动的"知识产权保护"课，让华为对专利的应用战略有了全新的认识，是属于被动的觉醒，那么，后来华为经过十多年的努力积累大量的自有知识产权和丰富的国际知识产权争端解决经验，主动匹配全球本土化经营战略，则是属于自觉的转变，转变到"运营自有知识产权，支撑全球市场拓展"全球本土化发展阶段。

2015 年 2 月，《华尔街日报》《纽约时报》《金融时报》等媒体纷纷聚焦中国国家发改委处罚美国高通公司案，以头条连篇报道该案并发表评论。上述报道和评论在援引高通高管表达遗憾和整改的同时，不约而同地提出这样一个问题：是什么因素促使中国 ICT 企业如华为和中兴通讯等，能够借反垄断之名，打破二十几年来欧美跨国公司与中国企业之间通行的单向专利许可模式和游戏规则？这恰恰显现出欧美产业界对中国 ICT 企业与欧美跨国公司之间专利竞争转折点的认知。

《中欧商业评论》的一篇文章《华为专利狙击战的启示》总结精辟："技术差距的持续缩小甚至局部赶超，是底气所在。在技术追赶和行业进入初期，华为与欧美领先企业的技术能力差距很大。不仅完全无法准确评估外国领先企业专利技术等的商业价值，而且在产业技术领域积累的知识产权根本无法与后者抗衡，不得不在开拓国际市场时接受欧美领先企业开出的高额专利许可费（2004 年，时任华为高级副总裁的徐直军先生曾透露，华为的 CDMA 设备在海外市场向高通缴纳的专利许可费率高达 6.75%）。此后 10 年，无论多么困难，华为一直坚持高于竞争对手的研发投入，最终缩小了与欧美领先企业的技术差距，甚至在部分产业技术领域开始扮演领先者角色。此外，在与欧美跨国公司进行知识产权谈判和诉讼中，华为也积累了按照国际规则处理知识产权事务的丰富经验（据美国 Patent Freedom 公司统计，仅在 2009-2013 年期间，华为就曾遭受超过 54 起专利诉讼）。因此，在全球本土化发展阶段，华为认为自己有能力通过司法和行政途径拒绝来自个别欧美跨国公司的 Non-FRAND 专利许可费率，为自身持续增加研发投入赢得更大的空间。"①

如今，华为已经能够娴熟地利用知识产权优势来提升自己的国际竞争力，并且用数万件专利技术构筑了一道牢固的技术堡垒，为华为全球化经营保驾护航。截至 2017 年 12 月 31 日，华为累计获得专利授权 74307 件，累计申请中国专利 64091 件，外国专利 48758 件，

---

① 文章来源：中欧商业评论，2015 年 12 月 21 日。作者：肖延高，童文锋，刘佳佳。

其中，90%以上专利为发明专利。2017年，华为以4024件PCT国际专利的骄人成绩，占据全球公司申请PCT国际专利榜首，成为业界的楷模。

华为诉三星交互技术方法
专利侵权获赔8000万

　　法制网2018年5月16日消息，记者近日从福建省高级人民法院获悉，2017年，福建全省法院共受理各类知识产权纠纷案件9256件，办结8640件，比2016年分别上升73.14%和90.06%。福建省高院还发布了《福建法院知识产权司法保护白皮书》，并从全省法院2017年审结的知识产权案件中精选出新型、复杂、疑难且具有较大社会影响的典型案件。

　　福建省高级人民法院党组成员、副院长欧岩峰介绍说，在知识产权民事审判中，福建各级法院遵循补偿为主、惩罚为辅的侵权损害认定机制，进一步加大损害赔偿力度，给权利人提供充分司法救济，着力破解知识产权侵权诉讼"赔偿低"问题，降低维权成本，使侵权人付出足够侵权代价，努力营造不敢侵权、不愿侵权的法律氛围。

华为起诉5家公司侵犯专利权

　　在华为终端有限公司诉惠州三星电子有限公司、天津三星通信技术有限公司、三星(中国)投资有限公司、福建泉州市华远电讯有限公司、泉州鹏润国美电器有限公司侵害发明专利权纠纷一案中,福建法院准确认定交互技术方法专利的侵权主体,支持了华为公司索赔 8000万元的主张。

华为公司享有专利号为ZL201010104157.0的"一种可应用于终端组件显示的处理方法和用户设备"的专利权(简称涉案专利)。其中,涉案专利共两项独立权利要求,权利要求1和9。华为公司主张惠州三星公司、天津三星公司、三星(中国)公司生产的23款手机及平板电脑等移动终端使用了涉案专利权利要求1、4、5、6、9、12、13、14的技术方案,构成专利侵权。华为公司提供2014年到2016年间涉案23款手机销售数量的证据,主张被控侵权产品销售数额巨大、涉案专利对利润贡献度较高,请求赔偿经济损失8000万元。

一审支持索赔8000万元主张

泉州市中级人民法院一审认为,涉案专利技术方案可以通过对被控侵权产品的简易操作直接再现,被控侵权产品涉案专利相应权利要求的保护范围,构成专利侵权。

关于赔偿金额,华为公司提交了经公证的 IDC数据来佐证涉案移动终端的销售数量。在惠州三星公司等怠于举证的情况下,计算三被告生产、销售的涉案移动终端的数量及销售金额时,可将华为公司证据中的数据作为考量基准,并酌情上下浮动。

此外,法院在审理时考虑,涉案专利尚处于有效期内的发明专利,创新程度高,且属于非标准必要专利,对移动终端智能化具有巨大的推动作用。惠州三星公司等三被告具有共同实施侵权行为的主观恶意,且在智能移动终端制造、销售领域位居全球领先地位，所销售的涉案侵权移动终端型号、数量众多，持续时间较长，销售金额和所获利润巨大。

一审法院遂将在法定赔偿最高限额以上合理酌定赔偿数额，对华为公司8000万元的主张予以支持。

二审法院驳回上诉维持原判

二审中，福建省高级人民法院认为，被诉侵权产品中有获取模块、处理模块等相应的模块，惠州三星公司、天津三星公司制造设置有相应模块的移动终端的行为，属于制造侵权产品的行为。

根据庭审演示，被诉侵权产品经开机初始设置后显示第一页面，滑动后显示第二页面，长按图标后页面缩小并在右侧露出隐藏页面的一部分，并可以将图标移动至隐藏页面。用户通过开机初始设置、滑动、长按等操作均可以实现上述效果，可以证实惠州三星公司、天津三星公司预先已将涉案专利所采用的技术方案以相应的软件命令的形式固化在模块中，使得移动终端可以获取组件处于待处理状态的指示消息，根据所述指示消息对容器中显示在屏幕上显示区域进行缩小处理，以使所述屏幕在所述显示区域缩小后空余出的区域显示所述容器的隐藏区域，可以将组件移动到隐藏区域。这种行为属于使用专利方法的行为。

二审法院认为，涉案专利并非操作步骤的方法专利，而是移动终端对组件的显示处理方法，因此用户的长按等操作并非使用涉案专利的行为。惠州三星公司、天津三星公司制造被诉侵权产品过程中，其设置相应的功能模块、预先固化相应的软件命令于模块中，属于使用专利方法、制造侵权产品的行为。二审法院遂在增加一审法院遗漏的一款手机的基础上,判决驳回惠州三星公司等的上诉,维持原判。

据福建省高级人民法院民三庭庭长杨健民介绍说,本案系交互技术方法专利侵权中认定侵权主体的典型案例。认定使用方法专利构成侵权,须权利要求记载的专利方法技术方案的每一个步骤均被实现。

在交互技术方法专利中,产品制造者往往以专利涉及用户操作为由,主张用户才是使用方,产品制造者不是侵权行为主体。而本案通过解读涉案专利权利要求,认定涉案专利中涉及的方法专利是移动终端对组件进行显示处理的方法专利,所涉及的技术方案不含用户操作,用户并非使用专利方法的侵权主体。产品制造者将涉案专利所采用的技术方案以相应的软件命令的形式固化在模块中的行为,使得产品在操作过程中可以实现专利技术方案的每一个步骤,这种行为属于使用专利方法的行为。因此,本案的裁判对于交互技术方法专利的侵权主体的判断具有较好的启示意义。

(作者:王莹,来源:法制网,2018年5月16日)

第五章

全方位国际化

国际化意味着中国企业需要全新的市场规则，是一个从学习规则、理解规则、掌握规则到运用规则和主导规则的过程；国际化意味着中国企业的经营战略和管理体系全面地与国际惯例接轨，即企业的经营管理理念、经营战略、组织运作体系、企业文化、内部运作体系、管理机制与制度等全面接受国际市场规则的考验。中国企业能否顺利地走出国门，取决于企业自身的素质与能力，取决于企业走出国门前的修炼。国际化的成败，决定于中国企业的基本功。

作为一个整合全球经济资源、参与国际竞争的重要载体，跨国公司显然不是把工厂设在海外，把员工换成外国人那么简单。判断一家公司是否是跨国公司，要看它的竞争对手是否是跨国公司，它的成长是否经受住了国际市场血雨腥风的考验。

第一节　产品研发国际化

日本企业在海外设立研发机构的模式有二：一是开发导向型，以开发为目的，即为应对本地市场进行产品开发而设立研发机构，以汽车、电机行业为典型；二是研究导向型，以研究为目的，基于总部的国际研究开发战略，利用海外经营资源，进行最前沿技术研究，以 IT、医药行业为典型。日本企业 20 世纪 80 年代后期主要以开发导向型为主，20 世纪 90 年代后才逐步开始建立研究导向型研发机构。

中国高科技企业全球化的成功模式目前有几种：海尔模式，以全球制造为特点——通过在海外建立制造中心实现全球化；TCL、联想模式，以跨国并购为特点——采取并购合资方式进入全球市场；格兰仕模式，以全球生产中心为特点——利用生产采购、销售、科研和管理的规模经济发挥低成本优势；而华为模式则以全球研发为特点——建立全球的研发网络。

那么华为的知识产权战略是什么？华为公司高级副总裁宋柳平表示，实际上华为并没有一个独立的知识产权战略。因为华为知识产权的一切活动，都与公司的整体经营关联。自 20 世纪 90 年代中期以来，国际标准的制定就成为电信领域重要的竞争环节。针对这一趋势，华为早就把标准制定和专利申请作为一个统一架构，并进行大力推进。目前，华为已经加入了 75 个国家的标准组织。

"华为最有价值的东西，不是宽大的厂房，而是拥有一系列完整知识产权的核心技术。"宋柳平表示，通信领域多年前就被称为"富人的俱乐部"，是欧美跨国企业的领地，没有足够的专利，没有核心的知识产权和技术，一般的企业"赤膊上阵"，是根本没法参与竞争的，因为"连竞争的资格都没有"。

宋柳平表示，华为之所以能够加入竞争行列，一个主要的前提，就是华为早就确立了一系列非常行之有效的知识产权战略和工作制度，巨资投入研发领域，建立了一支庞大而高效的研发队伍，并通过高效的技术研发，使华为获得大量核心技术和 1000 多项国内、国际专利。这就是华为这几年能参与国际竞争并获得一定优势的"利器"。

除了采取合作方式来保持技术的先进性外，华为还干脆将研究所搬到了国外。印度班加罗尔、瑞典斯德哥尔摩、俄罗斯莫斯科均设有华为的海外研究所。华为前人力资源副总裁吴建国是这样的记述："为配合市场国际化的进展，华为也在不断推进产品研发的国际化。1999 年，在印度班加罗尔成立了华为印度研究所，目前已有 700 人的规模，迅速提升了自己的软件发展水平，成为国内唯一一家达到 CMMI 级认证的企业。

"2000 年之后，华为又在美国、瑞典、俄罗斯建立了自己的研究所，通过这些技术前沿的触角，将国际先进的人才、技术以各种形式引入，为华为总部的产品开发提供支持与服务。"

据中西慧通首席培训师周小华的分析："印度拥有世界上最先进的软件开发技术，华为印度研究所的所在地班加罗尔市，可说是世界有名的硅谷，众多著名 IT 企业都把实验室设立在此地。在这里，华为员工能接触到在国内无法真正接触到的先进技术。同时，中方员工通过与印度员工的合作，也更能促进双方的技术交流。印度人擅长软件开发和项目管理，中国员工则擅长系统设计和体系结构。所以，华为的许多项目，都由华为中方的软件开发人员和印度软件开发人员共同承担。一般来说，华为员工外派到印度的时间为半年或一年。回国后，这些技术人员往往能成为华为技术公司软件开发和管理的骨干。这对于华为而言，是一种快速培训软件技术开发人员的有效途径。"

华为一直坚持把领先技术转化为更优、更有竞争力的产品解决方案，帮助客户实现商业成功。华为多年来持续投入研发，推动开放式创新。截至 2017 年 12 月，华为有研发人员约 8 万名，占公司总人数的 45%；2017 年研发费用支出为人民币 897 亿元，约占总收入的 14.9%。近十年累计投入的研发费用超过人民币 3940 亿元。截至 2017 年 12 月 31 日，累计获得专利授权 74307 件，其中，90% 以上专利为发明专利。华为累计申请中国专利 64091 件，外国专利 48758 件。

华为推动全球联合创新，驱动产业发展，华为创新研究计划已与全球近 30 多个国家和地区的 400 多所研究机构及 900 多家企业开展创新合作；在 5G 算法、AI 技术、网络智能、纳米材料等前沿领域，多学科联合创新，技术创新突破驱动产业发展与商业成功。

以消费者业务为例，华为通过全球联合技术创新，短短几年的时间，华为智能手机从中低端走向高端，一举杀入全球前三，并且于 2018 年第二季度成为全球第二大智能手机厂商。2018 年上半年，华为智能手机发货量超过 9500 万台。IDC 报告显示，在 2018 年第二季度，华为手机全球市场份额跃升至 15.8%，超越苹果首次成为全球第二大智能手机厂商。华为消费者业务 CEO 余承东评价称："这是自华为消费者业务成立以来最好的业绩表现。"

第二节　管理机制国际化

国际化要内化全球资源，因此它需要"内部"国际化，从管理、人力资源、财务、公共关系等问题上全面国际化。尽管在开拓海外市场，但企业框架还是完全为国内业务设计的。这是中航油新加坡事件发生的重要原因之一。中国的能源性企业在新一轮的国际能源争夺战中屡屡败北，原因就在于它们还是中国的公司。

《华为公司基本法》的起草者之一吴春波在其文章中这样写道："现今，对于中国企业来讲，再没有比国际化更有吸引力的口号了，企业家似乎达成了共识：走出去，除此别无生路；走出去，海阔天空；走出去，扬眉吐气。但实际上，对中国企业来讲，国际化仅仅限于理念，即使已经迈出国际化第一步的企业，也是步履维艰，尚处于屡战屡败的境地。国际化光靠激情和理念是远远不够的，必须保持足够的理性和智慧。"

"中国企业进入国际市场是一种必然的趋势，同时是一个艰苦的历程。对于任何想实现国际化的企业来说，走国际化的道路并不是其产品或服务进入国际市场那么简单，也不是以国际市场销售额的比重来衡量的。国际化意味着中国企业需要全新的市场规则，是一个从学习规则、理解规则、掌握规则，到运用规则和主导规则的过程；国际化意味着中国企业的经营战略和管理体系要全面地与国际惯例接轨，即企业的经营管理理念、经营战略、组织运作体系、企业文化、内部运作体系、管理机制与制度等全面地接受国际市场规则的考验。在走向国际化过程中，华为公司是比较扎实和富有成效的，其以生存为底线的国际化道路的尝试，对那些以国际化为战略的中国公司来说，有积极的启发和借鉴意义。"

国际化的企业离不开国际化的管理。管理，是华为的核心竞争力。任正非认为，职业化管理和国际化的人才，是成为世界一流企业的必要条件。从 1997 年开始，华为开始引入国际著名企业为其做管理咨询，比如华为与 Hay group（合益集团）合作进行人力资源管理变革。在 Hay 的帮助下，华为建立了职位体系、薪酬体系、任职资格体系、绩效管理体系及员工素质模型。在此基础上，华为形成了对员工的选、育、用、留原则和对干部的选拔、培养、任用、考核原则。引入德国国家应用研究院（FhG）做质量管理顾问，聘请普华永道（PwC）做财务顾问和聘请 KPMG 做严格的审计等。另外，1999 年，华为又与 IBM 公司合作，重整了业务流程，建立了集成产品开发流程（IPD）和优化集成供应链（ISC），随着 IT 建设全面展开，"华为" Intranet 网络专线连接了其国内所有机构及拉美、独联体、欧洲、海外研究所等海外机构。华为国际化的成功可以从不同的方面去探讨，但其成功的关键要素在于其内部，在于其宏观的商业模式，在于其内部运作模式和优秀的企业文化。

第三节　人才国际化

宏碁创始人施振荣在接受《商务周刊》采访时说道："目前内地大企业的国际化不是很顺利，最主要的原因是国际化的人才和经验不足、时间不足，而国际化的规模又太大。这么大规模的国际化是一定会遇到困难的，因为能力不足，能力不足是因为经验不足。国际化必须要用全球化的思维模式，尤其是全球化的人才。国际化初期派再多人到海外去也不可能深入了解当地的文化，了解文化还不够，你还要有很多的人脉，还要管理当地企业的人，因此只有整合全球人才资源才比较容易打响全球品牌。"

人才是企业发展的根本。在国际通信制造业日趋激烈的竞争中，比技术、比产品、比服务，但本质上是比人才。"走出去"的企业，在国际市场上开拓业务，必须与当地市场通畅地沟通，准确了解当地市场的需求。谁更能担此重任？当地人更为胜任。人才本地化的另一作用是，可成为企业与当地市场和政府之间的润滑剂。一个能带来就业机会的企业，往往是具有可持续发展的企业，能更快地融入当地社会。

华为近年来国际市场发展迅速，不断增加对海外本地员工的聘用。华为官方数据显示，华为海外本地员工的聘用平均每年增长15%以上，截至2008年底，华为近8万名员工中，海外员工已超过2.2万人，其中海外本地员工超过1.25万名，海外员工本地化率约为43%。截至2018年1月，华为员工超过18万名，其中海外员工超过4万人，海外员工本地化率达到70%。

　　按照经典的国际化经营理论，在不同的国际化经营阶段，跨国公司人员配置也有母国化、本地化以及全球化的不同。海外员工本地化率从 43% 提升到 70%，对于华为来说意味着，国际化的挑战将变得完全不同。

　　华为外籍雇员的增长比例与整个公司人员的增长比例保持了一致的步调。大量招聘本地员工是华为解决人才急需的另一条有效途径。外籍员工的大量加入，特别是高素质外籍员工的加入，是华为拓展欧洲市场的另一个秘密武器。荷兰代表处无线业务高级商务经理 Johan Vorgers 先生就是这样一位外籍员工。他原先是瑞典某电信设备公司的资深技术专家。

　　在一些国家，华为受到了本土人才的欢迎。成为一线设备提供商后，华为在沙特的人才市场上有了不错的口碑，只要以市场价或略高于市场价就能招募到比较好的外籍雇员，其中有些还来自沙特最好的大学。"9·11 事件"以后，阿拉伯世界对中国的态度普遍友好，华为在中东地区迎来了一个难得的发展机遇期。

　　然而，在海外招聘本土人才并非一件易事。一位曾在埃及市场参与过招聘的华为员工表示，海外招聘是一个非常艰难的过程，按照华为给出的工资，虽然比国内工资高出很多，但跟国外工资水平相比还是没有竞争力的，因此无法招到当地优秀的人才。华为海外分支机构的领导大部分都是中国人，这让部分当地员工缺少归属感，这也增加了管理的难度。

　　与华为同城的竞争对手中兴通讯把 2005 年确定为"国际年"，为了开拓国际市场，他们首先做的同样是进行人力资源规划。中兴通讯董事长侯为贵说道："人才本地化应当是中兴国际化发展的最大危机。其实所有企业都是这样，外国企业到中国来，也要靠本地人才做大量工作"，"做好国际化人才的储备。其次，我们在一些重要的国家，要全面加大市场覆盖力度。同时全面强化国际市场资源平台的建立和正规化建设，为国际市场提供售前、售后等多方面的支持。循序渐进才能化解国际化风险。"2007 年，在走向国际市场 12 年后，中兴通讯完成了国际市场的布局。公司的业绩中，来自国际市场的比重占到 57.77%，比上年同期增加了 13.35 %。在欧美市场，2007 年，中兴通讯的销售增长达到了 155%。其在海外的办事处达到 98 个，覆盖 135 个国家，并在海外拥有 8000 名销售人员，其中员工的本地化率达到了 65%。

"如果企业'走出去'之后，企业海外员工的本地化率只占 10%、20%、30%，而没有到 60% 以上，那么企业的本地化就没有结束，企业也没有办法跟当地的文化做充分的融合。"时任中兴通讯副总裁刘鹏表示。

第四节　营销国际化

世界著名营销咨询机构美国科特勒咨询集团（KMG）主席科特勒表示，中国的产品遍布世界各地，中国的创新也是国际化的，但是没有国际化的是中国的品牌，"这是因为中国的公司不知道怎样宣传他们的品牌"。

走出国门，看看中国能被世界公认的国际化品牌，无论是快消品还是工业品，确实很少，而从国际市场销售量、营销队伍数量、知名度及影响力来看，华为是真正意义上中国本土成长起来的、为数不多的国际化品牌。华为国际化的成功离不开营销的成功。

在市场开拓上，华为从来不会轻易放弃。中国电信市场已发展成世界最大的电信市场。据国家信息产业部统计，到 2009 年，中国的手机用户约 5 亿户，PSTN 固定电话用户达 4 亿户，中国已超越美国成为名副其实的世界第一。中国拥有世界上三个移动通信国际标准中的一个：TD-SCDMA。

国家统计局公布数据显示，2017 年互联网普及率达到 55.8%，其中农村地区互联网普及率达到 35.4%。互联网上网人数 7.72 亿人，比 2016 年增加 4074 万人，其中手机上网人数 7.53 亿人，增加 5734 万人。移动互联网接入流量 246 亿 G，比 2016 年增长 162.7%。

2017 年底，全国电话用户总数 161125 万户，其中移动电话用户 141749 万户。移动电话普及率上升至 102.5 部 / 百人。固定互联网带接入用户 34854 万户，比 2016 年增加 5133 万户，其中固定互联网光纤宽带接入用户 29392 万户，比 2016 年增加 6627 万户；移动宽带用户 113152 万户，比 2016 年增加 19077 万户。面对如此巨大的国内市场，华为更是大刀阔斧地跑马圈地，成为国内首屈一指的电信设备制造商。

拥有核心技术的自主品牌虽然是进入国际市场的入场券和通行证，但是仅仅靠此还是不够的，因为自主品牌也需要营销。华为的成功也恰恰就在于此。华为像注重技术创新一样注重对国际市场的

图17　2013～2017年固定互联网宽带接入用户
和移动宽带用户数

图片来源：国家统计局

开拓。

　　当地时间 2015 年 9 月 16 日 19 时 54 分，智利国庆节的前夕，位于首都圣地亚哥的华为智利代表处灯火通明，大家正在为国庆期间的客户保障准备工作而忙碌。这时，一场突如其来的强震让办公楼剧烈摇晃，而华为当地代表处就位于办公楼的 11 层与 17 层，强烈的震感让正在处理业务的华为人意识到，智利——这个地震多发的国度又发生大地震了。代表处随后获悉，智利西海岸伊亚佩尔发生里氏 8.3 级大地震，强震持续了近 3 分钟。当晚，智利又发生了连续 5 次 6 级以上余震。圣地亚哥距震中仅 200 余公里，震感十分强烈。

　　此次地震造成震中地区通信大面积中断，智利 8 个大区 300 多个站点出现故障，全国 60％人口的通信受到严重影响。圣地亚哥也未能幸免，全市的语音通信业务遭遇短时间的全面瘫痪。强震发生后，代表处第一时间组织员工撤出办公楼；交付与配置服务部联合总经理办公室、人力资源部等相关部门立即成立 BCM（业务连续性管理）应急团队，分头行动，开展震后应急与通信保障工作。

2015 年 9 月，智利大地震发生后，华为团队在 V 客户的网络运营与维护中心进行技术支援。（引自 2015 年《华为人》合订本。）

震后十五分钟之内，华为员工打开电脑对异常站点数量进行影响评估，并紧急申请事故恢复 License 来帮助客户网络应对震后突发的大话务需求。网规网优工程师张怀平等同时进行参数优化调整和性能监控，第一时间将结果传给客户，让客户实时了解网络性能与问题。并且，针对 V 客户出现的问题，华为制定了技术方案，派出团队在 V 客户的网络运营与维护中心进行技术支援，从方案实施到业务完全恢复，全程仅用了一个小时左右，这让 V 客户的技术团队感到非常意外，对华为的技术能力也加大肯定。看着网络监控室大屏幕上用户流量数据稳步增长直至达到正常水平，网络运营与维护中心的工程师们终于松了口气。

像这样高效地处理危机事件，在华为海外市场拓展中举不胜举，也正是因为华为人急客户之所急，才能逐渐在国际市场上树立起华为的高品质服务形象。"服务"在华为的理解中，并不仅仅是简单的态度良好，或沟通顺畅，而是在时刻满足客户需要的快捷反应基础上，建立满足客户建设实施中多种流程的服务供应链，准确把握客户需求，并不断提供预防性、增值性服务，真正帮助客户提高服务质量、降低运营成本和增加效益，这才是华为服务的宗旨。

华为在不显山不露水中，默默地在全球化布局中拓展着自己的版图。华为人深刻地认识到，在全球化这样的拓展中，不但包括硬性产品的销售和市场占有，更为重要的是服务的同步建设。因此，在华为国际化的过程中，华为通过不断在海外实施优质服务，逐步地建立起华为服务的品牌，这切实地为国际化积蓄着力量，并努力构成了华为国际化的宏伟蓝图。

一方面，为了满足客户需求，华为建立了规范的服务体系和服务流程；另一方面，华为通过与客户积极交流和沟通，针对海外客户提供个性化服务，逐步开展专业服务，帮助客户提升自身的业务水平。华为着眼于业界一流运营企业对服务的需求，建立更加完善的专业化服务平台和职业化服务队伍，建立可量化、基于契约和客户导向的服务质量体系，秉承"服务创造价值"的理念，为客户提供"专业、快捷、热忱"的优质服务，而这一理念也伴随着国际化的脚步在不断延伸。

国际化，海外业务的建立，对于华为来说，不仅仅是技术、产品的输出，更多的是一种服务的扩张，在向客户推荐自身产品的同时，更要有效地推广自身的服务文化，以增加客户认同度。这样的使命，正是服务必须承载的。服务作为一种组织行为语言，其本身也代表着华为公司的能力与品牌。

最近两年时间里，华为在海外市场的拓展表现突出，销售收入遥遥领先其他几大电信设备商。2016 年，华为在中国的营业收入比上年增长了 41%，在欧洲、非洲、中东地区的营业收入增长了 22.5%，在亚太增长了 36.6%，在美洲增长了 50.4%。对此，华为表示，中国市场受益于运营商 4G 网络建设、智能手机持续增长以及企业行业解决方案能力的增强；欧洲、中东、非洲地区（EMEA）受益于智能手机市场份额的提升；亚太地区受益于印度、泰国等市场基础网络建设及日本平板电脑市场份额的提升，保持着良好的增长势头；美洲区域受益于墨西哥运营商通信网络的投资增长。

其中，智能手机在欧洲卖得尤其好。华为 2016 年年报显示，华为智能手机在东欧、北欧和西欧的市场份额分别突破 15% 和 10%，在部分北欧市场，华为智能手机受到了消费者的热烈追捧，市场份额保持领先。截至 2016 年 12 月，华为在全球有 33 个国家市场份额超过 15%；其中有 22 个国家市场份额超过 20%，接近半数为欧洲国家。

华为 2017 年年报显示，从地域上看，2017 年华为中国市场的收入在整个地区中占比超过了 50.5%。这是自 2005 年之后，中国地区市场收入首次超过国际市场，这可以说是中国电信市场的蓬勃发展与华为互相成就，也说明了国际市场增长乏力。而华为在国内市场业绩的快速提高，是受益于运营商 4G 网络建设、智能手机持续增长以及企业行业解决方案能力的提升，收入同比增长了 29%。

在几大区域中，美洲地区是唯一一个出现负增长的地区，由于运营商业务投资周期波动影响，销售收入同比下滑了 10.9%。

2017 年，华为在亚太地区和欧洲、中东、非洲市场销售收入都有不同幅度的增长。亚太地区受益于企业业务数字化转型加速和智能手机市场份额的提升，保持了良好的增长势头，收入同比增长10.3%。欧洲、中东、非洲地区受益于企业业务数字化转型加速和智能手机市场份额的提升，收入同比增长 4.7%。

2018 年上半年，华为实现销售收入 3257 亿元，同比增长 15%，营业利润率达到 14%。经过 30 年的发展，华为逐渐实现了产品研发国际化、管理机制国际化、人才国际化、营销国际化。通过全方位国际化战略，华为海外市场开拓势如破竹，屡创新高，牢牢坐稳全球信息通信行业的头把交椅。

印尼销售管理部奋斗故事汇

2015年5月23日，雅加达Ciputra酒店，印尼解决方案销售经理赋能活动在此举行。"英雄们"复盘了看不见硝烟的战场，展示了"炸碉堡"后留下的"伤疤"。

每一个故事，都是奋斗者血与火铸就的。经历了一场心灵的激荡，印尼解决方案团队激发了士气，更有信心实现今年的挑战目标。

解决方案副代表杨永：你若是阿甘，生活便是巧克力

我永远记得那个晚上万隆的灯火。

在那个风雨飘零的午夜，城区的灯火一盏接一盏地熄灭了，我与客户经理徘徊在万隆的街头，绝望地四处寻找客户的踪迹。

那天是印尼第一个海缆项目标书澄清会议，完成澄清后，我们在酒店门口等着会议结束。左等右等，直到天黑，客户始终没有出现。一种不祥的预感涌上心头，进去打听才知道会议早已结束，友商把客户从酒店后门接走了。

我心里"咯噔"一下，呆住了。

2008年以前，我负责的数个项目率先拿下印尼几个大客户，一时风头无两。但 2008年情况急转直下，我在优势领域连丢三个项目，一次次满怀信心，却一次又一次失望，我被打蒙了，信心跌到了谷底，每一天都是煎熬，每一天心里都在摇摆：走还是留？

2009年的这个项目，是华为海洋成立后的第一个海缆项目，也是我最后的希望。项目组数月地运作，没日没夜地加班，所有人的努力眼看又要付诸东流。我和客户经理站在万隆的街头，像迷失的小孩，大脑一片空白，欲哭无泪。

我说："去找客户吧。无论如何要把客户找到，拿到最新的一手信息，不然怎么对得起项目组一起拼命的兄弟们？！"

客户经理说："万隆这么大，怎么找？"

在这个时间点，客户最有可能去哪里？我俩冒着雨，一间间地"扫"万隆的饭馆，午夜时分终于在一处饭馆门口看到了客户的车。拿到评标的最新情况，我们立即回到办公室，连夜调整了策略。

最终，我们一举拿下华为全球第一个海缆项目。此役以后，我们势如破竹，在客户的网络市场总体份额超过 50%。

"Life was like a box of chocolates, you never know what you're gonna get." 在我最困难的时刻，电影《阿甘正传》中的这句台词总会在心中回响，给予我力量。虽然无法预知下一个是什么样的巧克力，但是靠着不服输的韧劲与坚持，我坚信一定会收获不一样的未来。

品牌经理姚本俊：多 1% 的坚守，换来 100% 的成功

有同事说："这事你搞不定，别妄想去发明一个谁也没见过的东

西。"

供应商说:"你这个东西我们没做过,做不了!"

客户说:"你们华为能不能做一个让我们喊'Wow!'的LTE演示出来?"

2013年11月,APEC峰会在巴厘岛召开,印尼移动运营商A客户将在峰会期间发布LTE业务,要求各厂商提供LTE体验DEMO。我们给客户的提议是全球首个LTE全息演示。因为是首创,在技术实现过程中遭遇到各种难题和艰辛,很多人都劝我放弃,选择传统的LTE演示方式。

平常的东西如何能够打动客户呢?对于品牌,我心中始终有个标准:如果不能做到极致和非凡,还不如不做。

为了坚守心中的标准,我也付出了代价。把近100斤重的全息玻璃从中国带到印尼,在印尼海关被扣留,在小黑屋关到半夜;在住处洗澡时,心中只想着技术实现方式,一不留神滑倒了,跌伤了腿;供应商不愿接单,我们买来材料自己动手制作……

最终我们成功了,印尼通信部长参观时表示非常惊奇和震撼;见多识广的地区部领导也说这种演示方式还是第一次见到,真正体现了LTE的三维全息与3G的二维视频在体验上的巨大区别,值得大力推广。

此后,A客户每次举行LTE营销活动都指定华为提供演示方案。我们继续"脑洞大开",首创LTE机器人、LTE无人机等让人耳目一新的演示方式,完全超越了客户的期望。目前,LTE全息演示技术已经应用到2014年用户大会、机关F5实验室、全球7个代表处。

产品经理余海忠：守得云开见月明

2011年11月，我来到印尼，作为一名研发转市场不到3个月的行销新员工，参与了B系统部的"炸碉堡"。

B客户是印尼本土 TOP运营商，但之前华为网络产品在 B客户的份额几乎为零。前辈跟我们讲起争取 B客户的信任和认可经历时，都直摇头，说那是产品经理的噩梦。

但是2012年，我们还是把"碉堡"炸开了。网络产品中，光网络、微波、MetroE都形成突破。我们向客户不断展示出强大的能力及可靠的服务，至2015年，华为网络产品在B客户全面开花，光网络、IP Core、微波、接入网络都获得了绝对的份额。

唯有一心待清风，终将云散见月明。故事太多，最重要的是，感谢客户的信任，感谢自己的坚持。

无线产品经理张国栋：没有谁能随随便便成功

2012年3月，刚派到印尼的我被拉进了 C客户 Wi-Fi项目组。产品线是几个月前才成立的，产品是 OEM的，可以说"没人没枪"。应标很仓促，六天六夜不眠不休地比拼测试，最终因产品性能不达标折戟万隆。

一年后，Wi-Fi战役第二次打响。这一次，我成了解决方案的责任人：4月策划小站 SPDT和 CTO高层 workshop，7月通过 QA测试。然而，2013年11月，客户又给了友商 10万台 AP的订单。

对手继续高歌猛进，我们则稳扎稳打、步步为营。同年12月，通过倒逼研发、创新地提出"Wi-Fi上长出小站"的解决方案，一下子拉开了我们和友商的差距，最终进入短名单；2014年推动客户发 RFI/RFP。经过近三年的漫长守候，2014年的感恩节斩获小站海外最大单。

固网产品经理王享田：细微之处见真章

2013年印尼微波订货和销售毛利双负增长，代表处到处都能听到微波产品"交付难""销毛低"等负面声音，作为一个微波销售人员，我心里很难受，暗下决心一定要带领大家实现微波销售的复兴。

科学细致的管理与认真勤勉做事，一定会带领我们成功！我在Excel表格中详细列出微波要做的八件事——总体目标、订货预测、人员安排……并制定了相应的执行措施。

面对当时销售人员解决方案能力差和日常工作效率低的问题，我们连续 8周组织内部"比武"，让人人都变成解决方案与熟悉内部流程的专家。针对当时需要准入的产品种类多，我们制定了详细的进度追踪表，严控每个环节的时间，保证了新产品能够在第一时间进入市场。针对微波产品组合多导致供应复杂的情况，我们制定并推行了印尼本地的微波"归一化"，统一微波交付版本，减少了 80%的非常用物料，微波供应效率大幅提升。针对印尼当时唯一未规模突破的 D客户微波市场，我们又制订了详细的子项目运作思路表，最终助力项目成功。

点点滴滴的努力，最终汇涓成海，我们在 2014年底超越挑战目标，微波在代表处再次变成一个既有量又有利润的产品。

无线产品经理金丹：越努力，越幸运

2012年我加入公司 TOP级竞争项目——印尼 E项目，在长达三年的项目周期里，项目组一直在黑暗中守望黎明的曙光。

三年间，我从出差支撑到常驻印尼，经历了从 CDMA的搬迁到 Wi-Fi的拓展，从 TD-LTE再到 LTE FDD。客户负责技术和采购的都是印度人，技术要求高，商务却给得最低，而且客户需求一直在变，给我们的响应时间却很短。LTE投标，在 RFP之前是 5个月的 RFI，正式发出 RFP是在 2013年 12月 20日，1000多页的标书，8000多项的 SOC，客户要求一个月交标。项目组人力较少，连续奋战一个月，最终准时交标。交标时间是最后一天的凌晨3点，当时雅加达洪水滔天。

接下来就是无数轮的澄清，客户需求一直在变，每一次都需要重新进行商务汇报、测算。投标持续了 12个月，成为代表处投标周期最长的一个项目。但我们坚持下来了，项目成功了。

还记得新员工培训时学过的"从泥坑里面爬出来的是圣人""板凳要坐十年冷"，这对当时的我来说并没有太多感触，如今却成为切肤体验。

（本文引自 2015年《华为人》合订本，题目为编者所加）

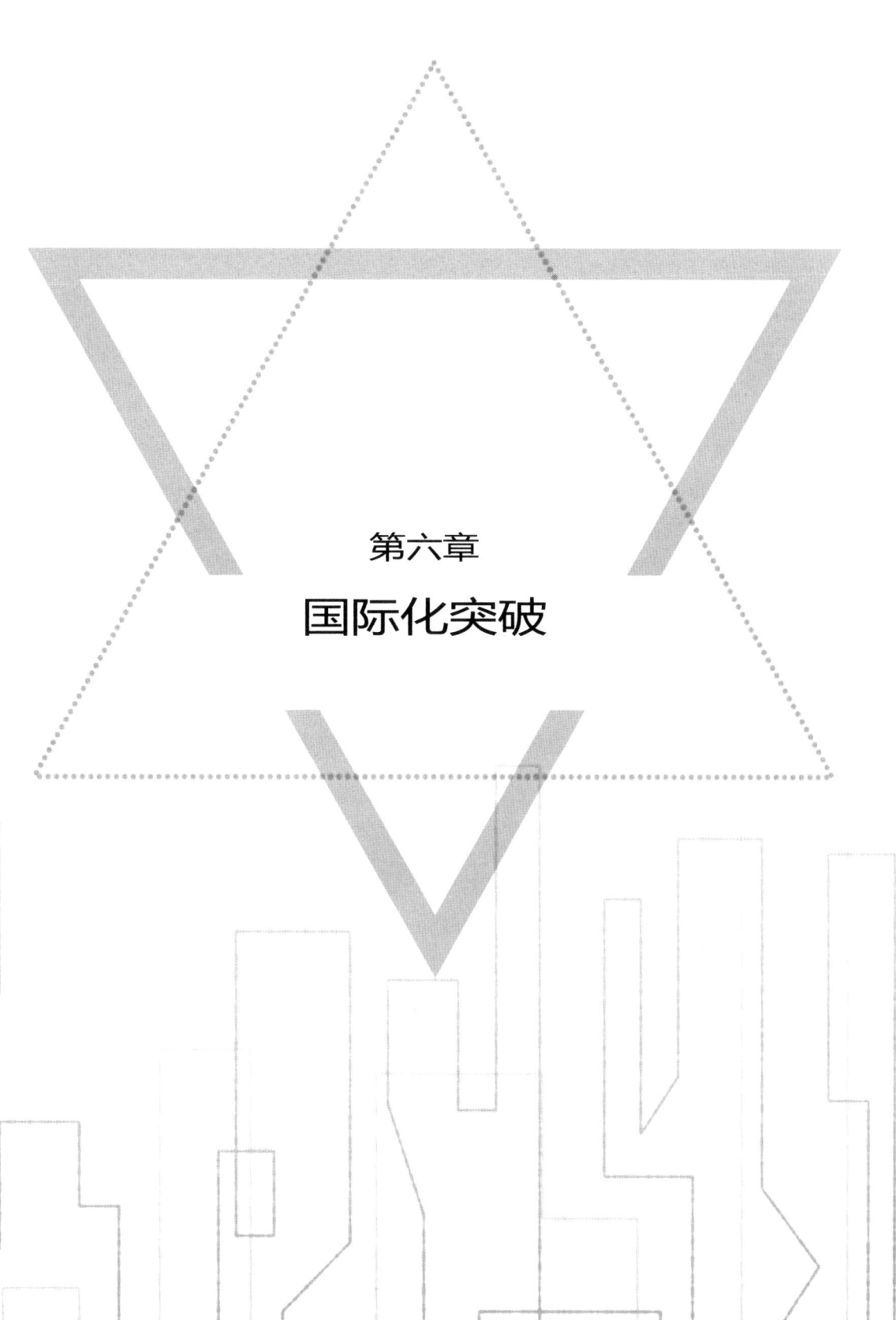

第六章

国际化突破

　　回首华为的国际化道路，有一个突出的特点，就是电信行业每一次技术和产品的换代，华为的全球排名都有突破性进展。在 2G 时代，华为只是全球电信行业的闯入者，因为起步比别人晚，虽然苦苦追赶，但已不可能成为世界一流的电信设备供应商。真正扭转乾坤的机遇是 3G，华为虽然没能参与 3G 的标准制定，但它紧跟国际巨头，凭借全球大规模的 3G 网络建设，华为的排名不断上升。受益于中国 3G 投资的拉动，中国设备企业赶上了发展的大好时机。在 4G 时代华为独领风骚，超越爱立信，摘取了全球信息通信行业的桂冠，大步迈进"无人区"，面对即将开启的 5G 时代，华为更是提前布局，高歌猛进。

　　截至 2017 年底，华为在全球部署超过 50 万个基站，商用连接突破 1000 万，与 1000 多家生态合作伙伴共建生态；华为和运营商一起，在全球建设了 1500 多张网络，帮助世界超过 1/3 的人口实现了链接。

第一节　涉足无线终端

很多人一想起终端，就会联想到手机。不过，对于华为终端的定义，华为终端公司总裁陶景文曾如此描述："华为终端公司不是一个简单的手机供应商，而是秉承伙伴、定制、价值来服务于全球运营商和终端用户。我们提供的不单单是手机产品，而是全球运营商发展业务所需的端到端终端产品及解决方案。"

华为早在1995年便开始涉足无线终端方面的研发。1995年，华为就开始从事CDMA技术的研究，并承担了我国863CDMA研究方面的课题，已经开发出全套关键专用集成电路芯片。华为的海外研发机构如瑞典研究所、美国研究所、印度研究所、俄罗斯研究所都参与了3G芯片设计、射频、算法等方面的研究。在WCDMA、CDMA、GSM、PHS等多个无线终端技术领域积累了丰富的经验，先后推出了全面覆盖手机、固定台、PC插卡/上网卡及模块等多种形态的产品系列。

华为进军终端市场是在中国小灵通市场逐渐萎缩的情况下，选择以小灵通为切入口，于2003年进入手机业务领域，之后逐步拓展到CDMA手机、数据卡等领域。

华为技术有限公司手机业务部于2003年正式成立，专门从事无线终端产品的研发、生产与销售。2003年北京国际通信展览会上，华为宣布正式进入小灵通手机市场，并且随即推出了多款手机产品。华为表示将投入10亿元用于小灵通手机业务。此前，华为只做系统不做终端，未能如UT斯达康等厂商那样及时瞄准国内小灵通市场，结果错失不少机会。在国内手机牌照尚未最终落实的情况下，小灵通也就成为华为国内终端销售的主要收入来源。

2004 年，中国小灵通市场进入拐点。6500 万的注册用户使整体市场规模接近翻番，与此同时，众多厂商进入、用户需求的转变、3G 时代的临近都让整个小灵通市场充满变数。

2005 年 2 月，华为手机营销总监徐国祥在接受《互联网周刊》采访时说道："小灵通也是华为 2004 年手机业务一个主要的销售来源，从长远发展来看，我们还要持续投入。经过一年的积累，华为在小灵通领域已经有了一定的口碑和品牌，增长非常快，从 2004 年初开始不到 1% 的份额增长到现在一个非常高的程度。小灵通的存量市场已经有 6000 多万了，我们认为即使将来停止增长了，但还有一定的换机需求。一方面是继续加强和运营商的合作，另外一方面是在研发方面增加投入。2004 年我们推出了近 10 款产品，明年将会有更多的新产品投放市场。"对始终非常关注运营商业务需求和发展的华为来说，进入小灵通市场可以为运营商提供更多的业务解决方案；同时可以通过小灵通市场的运作打通相关环节产业链。

作为 3G 产业的瓶颈—— 3G 终端产品，也随着华为等企业不断推出可商用终端而被突破。3G 市场的初期运营和小灵通市场运作类似，华为正好可以借助小灵通手机赶上手机销售模式走向零售终端的趋势，借此打通品牌、设计、生产、销售、服务、供应链等 3G 产业链，锻炼一下队伍。目前华为无线终端产品包括 WCDMA 手机和数据卡、CDMA 手机、GSM 手机、PHS 手机，可以说无所不及。

在 3G 终端领域，华为虽然进入较晚，但是短短一年多时间，已经成为拥有世界一流实力的后起之秀。2004 年 2 月，华为在戛纳 3GSM 大会上推出了中国第一款 UMTS/GSM 双模手机，引起了业内的广泛关注；2004 年 11 月 15 日，华为在香港正式发布三款商用 3G 终端产品——U626、U326 两款手机和 E600 数据卡，标志着华为正式跨入 3G 手机供应商的行列，成为全球为数不多的几家能够提供 3G 端到端解决方案的厂商之一。

当时，华为并未将手机业务作为核心业务发展。华为主要采取了整机采购、设计外包和委托代工的方式，跟其他大厂以自主研发为主的模式等具有很大不同，华为并没有在产品研发等方面做出实质性投入，因为其研发和生产都是外包模式。

2009 年，华为移动通信设备出货量跃居全球第二。华为终端公司总裁陶景文在接受新浪科技采访时说道："华为终端总共有 6000 多人，2008 年销售额 40 亿美元，今年（2009 年）我们的销售额将达约 50 亿美元。"陶景文表示，华为终端的中期目标：3 ~ 5 年销售额增至第一个 100 亿 ~ 150 亿美元。"华为终端已经在两个领域全球领先，首先是华为在移动宽带终端市场的全球份额已占 45% 以上，在欧洲很多国家的占比更是超过 70%，全球 50 强运营商中 48 个都选择了华为作为合作伙伴；第二个是华为在融合终端领域方面处于全球领先，如家庭网关、无线数码相框，无线固话终端等产品都属于融合终端的概念，其创新的产品理念和新技术的应用成为全球综合运营商发展业务的利器。"

与 2G 时代不同的是，终端已经成为设备厂商的增量市场。据国际权威机构 ABIResearch 于 2008 年发布的分析报告显示，华为上网卡以 38% 的市场占有率位于全球榜首。2009 年，华为加大了对终端的投入。2009 年，华为终端业务营收占华为整体收入的 10%。 实际上，终端匮乏已经是国内 3G 发展的一个最大绊脚石。由于全球 3G 市场发展非常不协调，与 2G 手机相比，3G 手机的数量仍是微不足道。这给了华为一个绝佳的机会。华为官方也宣布，截至 2009 年 2 月底，华为 3G 上网卡全球发货量累计超过 3000 万片，服务于全球 110 多个国家和地区的 235 个运营商。

第二节　3G 在全球的市场

3G 原本是由技术驱动的，在构想 3G 之初并没有考虑到 20 年后的社会需求以及开发市场的困难之大。事实上，在 3G 刚走向商用时，移动多媒体业务市场并非已经迫在眉睫，而是离真正到来还有相当一段距离。3G 一开始就不是定位于以提供移动电话为主的业务，因为互联网的迅猛发展，才使 3G 逐渐明确定位于移动多媒体业务。

用"墙里开花墙外香"来形容华为的 3G 发展策略是再合适不过了。

在中国 3G 大幕还没开启之时，华为就以一种全球化的思维运筹自己的市场战略。依靠以中国为主要研发制造基地的强大后盾，华为在以 WCDMA 为代表的全球 3G 市场上取得了一次又一次的成功，让中国的声音响彻世界。

3G 网络

早在 2001 年，华为就在上海建立了中国第一个 WCDMA 外场试验环境，以后陆续在国内部署了多个试验局。2003 年 12 月 24 日，由华为承建的阿联酋电信（Etisalat）WCDMA 网络投入商用，这是华为第一个正式投入商用的 WCDMA3G 网络。根据华为公布的数字，截至 2006 年 9 月，华为获得 31 个 WCDMA 3G 商用合同，在欧洲签署的 WCDMA 商用合同超过 10 个，2006 年获得的 WCDMA 新增订单数已位居全球第一。到 2006 年 12 月，华为已在全球获得 31 个 CDMA2000EV-DO 商用合同。2006 年 CDMA 新增市场份额位居全球第一。

3G 终端

2005 年，在国内 3G 市场还没有启动的情况下，华为 3G 终端销售的重点也同其设备一起放到了海外市场。据华为内部人员透露，华为 3G 终端已经在中国香港、新加坡、马来西亚以及欧洲、非洲等多个国家和地区的 3G 网络中测试和商用。当其他国内厂商展示 3G 样机的时候，华为 3G 终端的商用已经走在了前面。

"手机将是华为发展战略的重点，而 3G 手机更是未来的一个重点，华为要加大在 3G 终端领域的投资。"华为高级副总裁徐直军强调，"华为对 3G 终端市场的追求绝不仅仅停留在国内市场上，还要力争在全球市场上确立自己的地位，要全力拓展 3G 手机在全球的市场。"

华为已经在终端产品研发领域锤炼多年，有了研发做底，华为对 3G 终端产品信心十足。华为手机部相关负责人在接受《人民邮电报》采访时总结道："华为的优势主要体现在四方面：第一，华为提供无线端到端解决方案，终端与系统捆绑进入市场，自然具备更大优势；第二，华为国际化的营销网络使得终端产品可以快速投放到全球市场；第三，华为每年把销售额的 10% 用于研发投入，3G系统和终端的研发实力强劲，已拥有很多专利和核心技术，产品商用化之后形成了不同的平台，从而使华为可以根据细分市场的差异化需求推出相应的系列化产品；第四，华为长期为运营商服务，在与运营商的合作方面积累了丰富经验，尤其是 3G 市场运营商定制模式成为主流之后，更将使华为的优势得到充分发扬。可以说，正是基于以上优势，华为才有可能在 3G 产品研发和市场开拓上获得成功。"

2004 年 2 月起，华为 3G 终端参与中国信息产业部组织的MTNET 测试，测试效果优异。华为 E600 数据卡，作为唯一参加MTNET 测试的无线上网卡，仅用了两周左右时间，就全都一次性通过了所有测试项的测试。华为 3G 终端已经在海外市场获得了丰富的商用经验，在谈及如何看待国内和海外市场时，2005 年，华为相关负责人表示："华为是从全球的角度来看问题，中国市场是全球市场的一部分，同时也是一个高度国际化的市场，华为在海外的快速增长有助于国内市场的发展。面向全球是华为的长期战略，这就要求华为要达到全球的研发、全球的采购和全球的市场销售。在国际化的过程中可以检验华为 3G 系统和终端的稳定性和商用性，等中国3G 发牌的时候，华为才有信心、有实力在国内取得成功。"

欧洲的 3G 市场比较成熟，各大运营商都在 3G 创新业务上加大投入，希望能抢占 3G 制高点。华为专业高效的交付能力和分布式基站的优势使得网络的快速部署成为现实。2007 年 5 月，华为完成了 1400 多个站点和多个基站控制器的建设。

第三节　发力 3G，进军国际

早在 1998 年，华为就开始了 WCDMA 研发，华为在全球的 3G 研发人员超过 3500 名，采用分布式开发模式，实现了美国研究所、瑞典研究所、印度研究所和国内各研究所协同工作。作为 3GPP 独立会员，华为积极参加 3G 行业标准的研究和制定，仅 2002 年上半年就向 3GPP 提交提案 30 多篇，多篇技术方案写入标准。

在 3G 方面，华为认为，自身跟国外厂商基本在同一起跑线上，有能力参与国际竞争，并获得一席之地。在国内 3G 市场还没有启动之时，华为 3G 终端销售的重点已经同其设备一起放到了海外市场。

不管 TD-SCDMA、WCDMA 还是 CDMA2000，事实上，华为在中国 3G 的三种制式都有所准备，三种制式的研发一直是齐头并进，并没有外界所认为的"厚此薄彼"，比较侧重于 WCDMA 标准。如今，华为拥有包括 GSM、WCDMA、CDMA2000 和 TD-SCDMA 产品在内的全套移动通信解决方案。2004 年，华为与西门子成立了一家合资公司，专注于 TD-SCDMA 技术及产品的开发生产。而 CDMA2000 对华为来说易如反掌，华为 CDMA450 已于全球遍地开

花，相继进入俄罗斯、白俄罗斯、葡萄牙、印尼、越南等数个国家，
而它恰恰继承了 CDMA2000 的数据业务解决方案，可以顺利过渡到
3G 频段。

2005 年 7 月，华为公司自主研发生产的一款型号为 U626 的 3G
手机荣获由查尔顿媒体集团（The Charhon Media Group）颁发的"最
佳 3G 手机奖"，成为唯一获奖的中国手机品牌。这充分证明华为在
3G 终端领域已经具备了与国际厂商同台竞技的能力。这是继在中国
香港、马来西亚、瑞典、斯洛文尼亚、罗马尼亚等国家和地区商用
之后，华为 3G 终端再次取得的市场突破，也是国产 3G 终端首次在
新加坡上市销售。

华为的 CDMA 手机业务始于 2005 年，与全球多家电信运营商密
切合作，通过深度定制方式推出功能强大的 CDMA 手机。据第三方
咨询公司 Strategy Analysis 数据统计，2008 年，华为 CDMA 手机全球
市场份额已达到 11%，居全球前三。可见，华为 CDMA 手机在全球
市场占据重要地位。2009 年 6 月，华为终端公司宣布，其 CDMA 手
机全球发货量正式突破 5000 万部。

第四节　3G 进军香港，为内地造势

世界著名营销咨询机构美国科特勒咨询集团（KMG）主席科特
勒表示，世界各地都有中国的产品，中国的创新也是国际化的，但
是没有国际化的是中国的品牌，"这是因为中国的公司不知道怎样

宣传他们的品牌"。科特勒建议，中国企业应向国外的一些著名品牌学习，了解一下他们是怎么来建立自己的品牌、怎么来盈利的，然后在世界范围内推广中国的资本。

可以说，华为在 3G 终端上的营销是非常成功的国际化营销。

尽管华为已经成功打入了欧美市场，但华为显然对于此次成功进入香港电信市场极为重视。毕竟，如果与香港方面的合作取得了成功，显然会对今后中国内地电信市场的采购造成深远影响。

华为公司"3G 运营支撑系统"于 2004 年 8 月 22 日中标香港 Sunday，此举标志着华为"3G 运营支撑系统"已经成功进入国际市场并且进行商用。香港 Sunday 是新兴的无线通信运营商，其核心是实现无线通信和数据科技相结合。Sunday 于 2003 年 12 月开始和华为公司合作建设 3G 运营网络。为了配合 3G 业务运营，特别是 3G 的数据业务运营，香港 Sunday 决定建设新一代的 3G 业务支撑系统，为 3G 语音、多媒体、视频、下载、位置、PTT 等全方位的 3G 业务提供全方位的业务支撑和保障。

华为董事长孙亚芳亲自出席了新闻发布会，她表示，此次合作标志着双方将在 3G 这一重要的领域展开全面的合作，华为公司将充分利用在 3G 领域的全球资源，根据整个业界以及香港 3G 市场和香港电信行业的发展需求，协助 Sunday 公司适时地推出满足消费者需求的 3G 业务和应用。

华为公司常务副总裁徐直军表示："华为此次承建的 3G 网络实现了全球最复杂的地理和无线环境的覆盖，香港地形环境复杂、高楼林立，是世界上最复杂的地理覆盖环境，错综复杂的无线环境，需特殊解决方案方能达到立体覆盖。华为相信以我们高可靠性、高质量的网络以及丰富的业务经验和迅速提供业务的能力，将为香港用户提供美妙的 3G 体验。"

Sunday 不仅未给华为的 WCDMA 设备付款，还需要华为额外掏出 5 亿港元用于偿还 Sunday 原先欠设备商和银行的贷款。业内人士指出，华为与 Sunday 的合作，更像华为花钱买了一个大型的试验场所。正是依靠华为在 Sunday 的试验数据，华为才能成功获得欧洲、非洲、东南亚等市场的认可。

香港 3G 商用的时间早于内地市场。香港方面运营 3G 的经验将会成为内地方面的一个重要借鉴，华为与 Sunday 的携手或许只是香港和内地更大合作层面的一个开始。

第五节　中国 3G 终端上的领先者

作为全球最大的移动通信市场，中国是任何通信设备厂商都无法忽略的地方。我国在 2G 时代已经有手机用户超过 7 亿，比整个欧洲手机用户的数量还多，总体普及率已超过 50%。当时的有关机构预测，2010 年我国手机用户数量将增长到 7.38 亿，这决定了我国未来的 3G 产业的市场规模将非常可观。目前，我国已成为全球最大的移动通信市场。随着我国 3G 牌照的正式发放，中国成为全球最大的 3G 市场。中国 3G 终端市场是全球手机巨头争夺的主战场。基于对市场的洞悉和预期，2005 年华为在推进 3G 终端海外商用的同时，在国内也开始谋篇布局。

继 2005 年首次在国内举行大规模 3G 手机体验活动后，华为 2006 年在新加坡率先推出了全球最小最快的 USB modem E220 和 3G 手机新品 U528，显示了其对中国 3G 市场的志在必得。2005 年 10 月，在中国国际通信设备技术展览会上，代表中国 3G 最高技术水平的华为 3G 终端产品首次在国内集体亮相，成为此次盛会的一大亮点。专家指出，目前华为是唯一一家能提供全线、可商用 3G 终端的中国厂商。多年的技术研发和海外商用经验，使华为在中国 3G 进程上具有举足轻重的作用。在目前 3G 进程受限于终端产品匮乏的背景下，华为此次率先展示全线 3G 终端产品，并举办大规模的媒体体验活动，既显示了华为代言中国 3G 的强大研发实力，也表明了华为对中国 3G 市场的高度重视，正在担负起中国 3G 领先者和普及者的重任。

2005 年 10 月，华为无线终端营销工程部营销总监李承军在接受新浪科技记者采访时说道："目前华为已经在亚太、西欧等地区的多个国家实现商用，在与全球各大电信运营商的合作过程中，通过提供端到端的整体解决方案，华为已经进入全球 NMTS 第一阵营，这也为华为进军国内 3G 市场积累了宝贵的经验。虽然目前中国 3G 市场尚未启动，但华为已经做好了一切准备，一旦国内 3G 市场启动，我们会全力以赴做到市场最佳。"

海外规模商用为华为进军国内 3G 市场积累了宝贵的经验。2009 年 1 月，我国 3G 牌照正式发放。华为的 3G 技术在国内有了很大的发挥空间。

2009 年 5 月 6 日，华为携手中国电信，共同在北京发布了四款

3G 终端新品。

CNNIC《3G 报告》数据显示，截至 2009 年 8 月底，中国手机上网用户已达到 1.81 亿，呈现出稳定增长的趋势。牌照发放近 8 个月以来，3G 已经受到较高认可。

在运营商主导的定制模式下，无线终端厂商在推动 3G 普及的过程中发挥了巨大的作用。作为全球领先的通信厂商，华为凭借全球同步的 3G 技术和端到端一体化的解决方案，为 3G 产业进步做出了卓越的贡献。这也证明以华为为代表的本土厂商已经全面介入全球 3G 市场的角逐中，并占有了不可或缺的重要一席。

这个时代，电信设备制造业正从技术驱动型产业逐步演变为一个以服务、成本竞赛为核心竞争力的产业。在国际市场方面，市场对快速服务能力、高效的成本竞争力的要求越来越高。

华为表示，在 3G 时代，华为依托与海外 400 多家运营商的合作经验，通过与国内运营商的紧密合作并提供优质的 3G 终端产品，为中国消费者带来精彩的 3G 沟通体验。

第六节　4G 时代华为进入"无人区"

自 2009 年底在挪威奥斯陆推出全球首张 LTE 商用网络，华为的 LTE 足迹遍及了全球六大洲，并利用这些年积累的丰厚经验服务中国市场，取得了跨越式成长。

"通过引入海外经验，我们可以帮助运营商少走弯路、快速建网，同时在业务选择、资费包方面也可以给予很大支持。"华为无线网络业务部总裁汪涛在接受媒体专访时表示。

从挪威的全球最北端（北极圈内北纬 78 度 13 分）、俄罗斯的冰天雪地、德国的农村区域、纳米比亚的沙漠地带、菲律宾的热带雨林，到澳大利亚的全球最南端，华为的 LTE 足迹遍及了全球六大洲。汪涛介绍，截至 2013 年底，华为的 LTE 已进入全球 100 多个首都城市，以及伦敦、香港、新加坡、苏黎世、首尔、东京、日内瓦、多伦多等九大金融中心。

世界上用户数最多的十大移动运营商和众多一流运营商均选择华为来部署其 LTE 商用网络。它已协助德国电信、西班牙电信、日本软银、Telenor、TeliaSonera、沃达丰、巴蒂电信、沙特电信、阿联酋电信开通了 LTE 商用业务，2013 年底，在这一名单上又加入了中国移动。

截至 2013 年 12 月，华为在全球范围内共签署了 241 份 LTE 商用合同和 130 多份 EPC（分组核心演进）商用合同。在全球已投入商用的 LTE 网络中，华为参与了 110 张的部署，占到 40% 以上，全球超过 60% 的 TD-LTE 商用服务由其承载。

与此同时，华为在 LTE 领域还创造了多个世界第一。华为与英国 EE 合作部署了全球最大的 1800MHz GSM+LTE 网络，与沃达丰合作部署了全球首张 800MHz LTE 网络，与俄罗斯 Yota 合作部署了全球首张 LTE-A 商用网络，也是全球最大的 2.6GHz LTE 网络。

汪涛披露，华为在海外部署的 LTE 商用网络一般规模在 5000 个基站以上，最大建网规模超过 5 万个。

2013 年 12 月 4 日，国家工信部正式发放 "LTE/ 第四代数字蜂窝移动通信业务 (TD-LTE)" 经营许可，标志着中国 4G 时代真正到来。中国 4G 启动承载了整个行业的期望。Strategy Analytics 无线运营商战略总监菲尔·肯德尔（Phil Kendall）曾说过，即便在 2014 年美国、日本和韩国仍将占 LTE 市场主导地位，但所有的目光都将投向中国。而来自 Ovum 分析师的预测亦认为，2014 年中国将成为被热议的市场，鉴于中国对 4G 服务的耐心等待、市场机会的规模大小以及中国对 TD-LTE 长期前景的期待，中国巨大的 LTE 市场将为移动宽带产业注入新活力。

在今天，移动通信网络已是一张立体的、异构的网络，同时国内 3G 网络部署未久，与 4G 更好地协作尤为重要。过去几年中，华为通过 110 张商用网络的部署积累了丰厚经验，使之成为世界上满足多制式、多频段、FDD/TDD、接入网络共建共享、城区 / 农村、发达 / 发展中区域等各种商用场景的唯一厂商。

"如何进行网络设计、如何建网，以及如何适应不同场景、运营商站点情况、频谱情况，华为都有不同的解决方案；还有如何对网络进行优化、优化的工具、人员的积累，我们建立了强大的平台。"汪涛说，"在 LTE 网络建成后的业务选择，包括基于 LTE 网络如何提供 VoLTE、M2M、集群、视频服务，以及资费策略制定、产品如何上市，华为也与海外运营商进行了不少合作。[①]

"这些经验我们在三大运营商建网中都可以应用。同时中国幅员

---

① 来源：C114 中国通信网，http://www.c114.com.cn，2013 年 12 月 24 日。

辽阔、人口密度很大，我们根据中国特定的场景制定了特定的解决方案，这都得益于以往的经验。"

中国移动在 2013 年合作伙伴大会上宣布，2014 年计划建 50 万个 TD-LTE 基站；中国电信已在全国 42 个城市进行 TD-LTE 规模网络试验；联通则将在部署有 HSPA+ 网络的城市进行升级。在此前主要的 LTE/EPC 设备集采中，华为均取得了较大份额。

值得一提的是，华为在 2G 时代缺乏核心专利，在 3G 时代的专利数并不领先，而在 4G 时代却已经脱颖而出。自 2010 年，华为在 3GPP LTE/LTE-A 核心标准中获通过的提案，占全球总数的近 20%，位居业界第一，涉及 AAS、CA、CoMP、MIMO 等核心技术领域。在 3GPP、APT、AWG，ETSI、IEEE、IETF、ITU-R、ITU-T、WWRF 等超过百家标准组织中担任主席、副主席、董事、工作组组长、报告人等 90 个核心职务，发挥主力军作用。

在 3GPP LTE-A 未来演进大会上，华为率先提出了提升小区边缘速率的新技术——提出了提升多流聚合（MSA，Multi-Stream Aggregation），不仅可应用于宏蜂窝小区之间的站间协调以提高边缘用户速率，也可在大小站异构组网场景下提高用户的峰值速率和简化移动性管理。

持续创新结合专利上的破局，令华为成为行业认可的 LTE 领导者。2013 年 6 月，在全球通信商业举办的 2013 年创新大奖颁奖典礼上，华为采用 SingleRAN GSM/LTE1800 Refarming 解决方案为英国 EE 部署的 LTE 1800MHz 商用网络荣获"最佳 LTE 网络基础设施创新"大奖。2013 年 LTE 全球峰会上，华为公司荣获"最佳 LTE 创新

商用"大奖，标志着业界对其 LTE 技术创新和市场商用上持续贡献
的认可。

2013 年底中国 4G 启动并得到迅猛发展，至 2014 年 12 月，中
国 4G 用户数突破 1 亿。这带给华为巨大的利益，华为除了参与国内
运营商 4G 网络的建设，还可以从持续增长的智能手机市场获利。华
为 2017 年年报显示，中国市场受益于运营商的 4G 网络建设、智能
手机市场持续增长以及企业行业解决方案能力的增强，华为在国内
的销售收入同比增长 29%。华为消费者业务 CEO 余承东对外宣布，
2017 年，华为的智能手机全球销售量为 1.53 亿台，7 年内增长 51 倍。
他透露，预计 2019 年华为将超过苹果"坐稳全球第二位"。

2016 年里约奥运会成为华为展示最新 4G 技术的舞台。由于奥
运会参会人员很多，且环境封闭，这对通信网络是个很大的挑战，
这次里约奥运会，巴西运营商 TIM 联手华为对 4G 网络进行优化升
级，用来应对奥运时期流量与话务高峰。覆盖奥运赛场内外的移动
通信网络，有相当一部分使用了华为的网络设备。巴西运营商 TIM
也希望借助奥运开展体育营销、新业务发布。为此，华为与 TIM 联
手，助力 TIM 在奥运开幕前，完成 NFV-VoLTE 和 Wi-Fi Calling 的
发布。这些业务，让巴西运营商走在全球前列，很有"面子"。华
为现已成为巴西第一大综合网络设备供应商。

里约奥运会华为的通信保障团队。(引自 2016 年《华为人》327 期)

在 2016 年，华为以 29% 的全球市场占比成为 LTE 市场的龙头，鲸吞了阿朗的新诺基亚位居第二，再次是爱立信，中兴和三星位列第四、第五位。美国智库称，华为六年内在 LTE 市场的份额扩大了 21%，从三名开外到夺下第一。因为美国市场的限制，抛开这一地区衡量的话，华为在海外的市场份额更是超过了惊人的 40%，是新诺基亚和爱立信之和的两倍。

正是得益于华为的 4G 技术在全球范围的广泛应用，华为不仅超越爱立信摘取全球信息通信行业的桂冠，而且大步迈入"无人区"，开始了对最新通信技术的探索，对 5G 技术率先布局，取得重大突破。

第七节　5G 技术国际领先

5G，即第五代移动电话行动通信标准，也称为第五代移动通信技术。当前，全球主要国家和地区纷纷提出 5G 试验计划和商用时间表，力争引领全球 5G 标准与产业发展。比如，美国移动运营商 Verizon 宣布完成了其 5G 无线规范的制定，已进入预商用测试阶段；欧盟 5G PPP 预计将于 2018 年启动 5G 技术试验；日本计划在 2020 年东京奥运会之前实现 5G 商用；韩国计划于 2018 年初开展 5G 预商用试验，于 2020 年底前实现 5G 商用。可以说，全球 5G 时代即将来临。

按照公认的 5G 推进时间表，2017 年完成现网测试，2018 年开始商用试验，2019 年小规模商用、发 5G 牌照，2020 年正式规模化商用……现在，世界各国都忙着急速超车，疯狂"备战"，因为这是一场输了后果会很严重的"战争"。有研究指出，5G 将为世界带来新一轮巨大的发展机遇。2016 年 7 月，美国正式规划出 5G 高频频谱，Verizon、AT&T 两大运营商已经开始进行 5G 试验，且参与的城市越来越多，大有竞争白热化的态势。

有专家预测，未来十年全球物联网连接量将突破 1000 亿；高通认定，到 2035 年，5G 引领的产品和服务总价值，将达到创纪录的 12 万亿美元（约为 80 万亿元人民币）。通信行业将迎来史无前例的大繁荣，制造业、互联网乃至人类生活方式，都将迎来一场大变革，也将创造出崭新的商机。5G 网络的架构，则是第一波商业化浪潮。伴随基站建设的庞大需求，光纤、光器件等基础材料和产品，预计将在 2020 年左右迎来爆发性增长。

包括中国三大运营商以及华为在内的全球 30 家领先移动通信企业在 2017 年 12 月 21 日葡萄牙里斯本召开的 3GPP TSG RAN 全体会议中宣布成功完成了第一个 5G NR 规范。这是实现 5G NR 全面发展的一个重要里程碑，它将极大地提高 3GPP 系统的能力，并促进创造垂直市场的机会。也标志着 2018 年华为将能够提供完全基于 3GPP 5G 标准的端到端网络设备，帮助运营商实现 5G 商用网络的建设。

2018 年 1 月下旬，德国电信、英特尔和华为宣布，三方合作使用基于 3GPP R15 标准的 5G 商用基站，成功完成全球首个 5G 互操作性开发测试（IODT, interoperability and development testing）。该新空口测试基于华为 5G 商用基站与英特尔第三代 5G 新空口移动试验平台，向 2019 年以华为和英特尔解决方案支持 5G 全面规模商用迈出重要一步。

早在 2015 年，德国电信和华为就开始了 5G 网络的联合研究，并致力于推动 5G 产业发展。利用英特尔 5G 新空口移动试验平台，本次运营商、设备商和终端芯片商联合实现基于 5G 新空口（NR, New Radio）首标准的 IODT 测试，对于推动 5G 产业迈向成熟具有关键的里程碑意义。

本次测试基于华为 5G 商用基站和英特尔 5G 新空口移动试验平台，三方共同验证了基于 3GPP 5G NR 标准的基础对接测试，实现了新空口标准下的终端与网络的互联互通。其中包括：新同步机制、新编码、新的帧结构、新的 Numerology 及新波形（F-OFDM）等。同时，该测试基于 5G 新空口标准定义的最大 C-band 载波带宽，使用了标准框架下的最新 Massive MIMO 大规模多天线阵列、波束成型技术。

众所周知，华为最早布局 5G 市场，据统计，自 2009 年以来，华为研发投入至少 6 亿美元，并在全球建立 11 个 5G 研究中心，同时获得全球首张 5G 产品 CE-TEC(欧盟无线设备指令型式认证) 证书，其 5G 产品获得欧洲市场商用许可。经过多年的耕耘和积累，2017 年华为在 5G 领域取得了一系列突破，备受世界瞩目。

频谱是通信时代的血脉，而频谱全球协同，是 5G 成功的关键推动力。经过了长期的探索与讨论，华为提出了 5G "多层"频谱概念，并已获得中欧美日韩等地区的一致认同：2~6 GHz 之间的频谱（ C 波段为代表 ）是 "覆盖与容量层"；2 GHz 以下频谱为 "覆盖层"；6 GHz 以上频谱为 "超大容量层"，用于满足大容量、高速率的业务需求。其中，C 波段作为全球主流运营商 5G 商用的首选频谱，华为的端到端产品在 2017 年中已经得到了充分验证，蓄势待发。

5G 网络的全面商用前提之一，是各厂家产品具备互联互通功能。为此 2017 年华为与全球领先的芯片厂商 Intel、联发科、展讯等都已启动基于 3GPP 标准的 5G 新空口互操作性测试（IODT）。5G 互操作测试的成功意味着在 5G 标准统一的前提下，产业正在快速成熟，全行业正为即将到来的 5G 端到端商用做好准备。

5G 网络将会为新的应用带来全新体验，而华为在 2017 年的各大展会，预商用网络测试也为业界带来了未来应用的想象空间。华为提出了 Cloud VR 理念，并在 MBBF 期间展示了 VR 足球应用。把本地复杂的图像处理搬到云端上，实现交互式 VR 内容的实时云渲染，强大的云端服务器大幅提升了计算能力和图像处理能力，无处不在的移动宽带网络提供了更为自然的业务模式。

在 2017 年世界移动大会上海开幕当天，中国移动、上汽集团和华为共同演示全球首个基于 3GPP 5G 技术的自动驾驶和远程驾驶，验证了 5G 所具有的大带宽、低时延的网络能力，为智能网联汽车的发展奠定了基础，是提升自动驾驶和无人驾驶可靠性并推动其走向商用的重要里程碑。

在 2017 年 11 月举办的全球 5G 大会中，华为联合 LG U+ 在韩国首尔最繁华的江南区上空，联合演示了搭载 5G CPE 的无人机 4K VR 直播，其卓越的空中俯瞰效果，使得沉浸式观看体验更加震撼。

2017 年 6 月 9 日，华为率先完成中国 5G 技术研发试验第二阶段测试。（引自《华为人》第 331 期）。

全球各区域的 5G 推进组织在 5G 的快速发展过程中贡献巨大，而中国的 IMT-2020 5G 推进组在工信部及发改委的领导下，牵头中国的相关运营商设备商有序推进 5G 工作。2017 年 6 月 9 日，华为率先完成中国 5G 技术研发试验第二阶段测试。同年 9 月，华为作为唯一全部完成由 IMT-2020 组织的中国 5G 技术研发试验第二阶段测试内容的厂家，以全面领先的测试成绩亮相 2017 年中国国际信息通信展览会，空口测试各项指标第一，持续保持业界最高水平。华为在完成程度和结果上的领先，进一步推动了 5G 技术研发和全球统一国际标准形成的进程，也为其在中国 5G 技术研发试验第二阶段测试画上一个圆满句号。

2017 年，华为 5G 预商用系统已进入全球多个信息产业发达国家。在伦敦、柏林、北京、上海、东京、米兰、迪拜、温哥华、多伦多、首尔等 10 个核心城市，华为与全球各区域最领先的运营商如英国电信、德国电信、中国移动、中国电信、中国联通、沃达丰、Etisalat、LGU+、Telus、Bell 等实现了 5G 预商用网络部署。其中，包括了全球规模最大的预商用网络，最全的 5G 应用测试，包含无线、承载、核心网以及终端设备的最全 5G 系统，实现了最高的小区容量、最低的网络时延、最大的网络连接数、最全的 5G 频段、最丰富的 5G 应用案例。

在英国伦敦举办的第八届全球移动宽带论坛期间，BT/EE 携手华为在伦敦测试 5G 上下行解耦，终端下行使用 3.5GHz 频段，上行使用 3.5GHz 和 1.8GHz 频段。当终端在 3.5GHz 上行覆盖外时，上行调度到 1.8GHz 发送 NR 数据，从而消除上行覆盖瓶颈，提升 3.5GHz 覆盖范围。通过上下行解耦，在解决更高频段上行覆盖受限问题的同时最大化地利用了频谱资源，实现 C-Band 和 1.8GHz 共站同覆盖部署，极大地降低了 5G 建网过程中对新建站点的需求，减少运营商在站点土建和站点租赁方面的投入。

华为 5G 荣获产业多项大奖，华为在 5G 领域所做贡献受到业界的认可。2017 年 2 月，在巴塞罗那举行的 2017 年世界移动大会上，华为荣获"从 LTE 演进到 5G 杰出贡献奖（Outstanding Contribution for LTE Evolution to 5G）"。该奖项是 GSMA 首次颁发的 5G 相关奖项，也是通信界公认的最高荣誉。这代表着华为在技术演进与产业推动上所做的贡献，获得了业界高度的认可。

2017 年 6 月，在 2017 5G 全球峰会（5G World Summit 2017）上，凭借在 5G 领域持续创新和产业贡献，华为荣获"5G 研发杰出贡献奖"（Outstanding Contribution to 5G R&D）。这是华为连续三年获得该奖项，标志着行业对华为 5G 技术研发贡献的充分认可。

同年 12 月，在第四届互联网大会上，华为 3GPP 5G 预商用系统凭借端到端的实力和创新技术，荣获组委会颁发的"世界互联网领先科技成果奖"。华为 3GPP 5G 预商用系统，是目前业界唯一的端到端 5 G 预商用系统。

华为轮值 CEO 徐直军在 2017 年互联网大会上发言表示："华为将于 2018 年推出面向规模商用的全套 5G 网络设备解决方案，支持全球运营商部署 5G 网络，让移动互联网再上一个新台阶，开启万物互联时代，承担起各行各业数字化的历史使命。华为也将于 2019 年推出支持 5G 的麒麟芯片，并同步推出支持 5G 的智能手机，让广大消费者尽快享受 5G 网络的极致体验。"

深耕巴西 20 年，履行社会责任

——华为董事长梁华在巴西数字转型峰会上发言

各位嘉宾，大家上午好！

在华为巴西 20 周年的重要时刻，我很高兴再次来到这里。我们在巴西深耕已经 20 年，就像今天的论坛主题"In Brazil，For Brazil"所揭示的那样：我们做大产业、构建生态，我们深耕巴西、履行社会责任。

我们和运营商一起让巴西超过三分之二的人口实现了连接。特别是我们一起建设了亚马孙雨林地区第一个高速光纤网络，连接 20 多个城市，数百万巴西民众因此获益。

我们协助推进巴西政府、公共事业机构的数字化进程，已经在 Recife 和 Manaus 两地推进"云服务数据中心项目"建设，同时积极参与巴西政务云建设；与此同时，我们还协助巴西金融、能源、制造等各行各业的客户加速实现数字化。

我们为重大赛事和活动提供非常可靠的网络保障。四年前的世界杯、两年前的奥运会以及每一年的狂欢节，人们热情高昂。和大家热情一样高昂的是华为人确保通信系统安全顺畅的斗志。比如重大赛事的通信系统，涉及上百套设备，对系统容量和稳定性要求极高，我们的专家团队与客户一起紧密协作，全天候现场值守，保证了世界杯、奥运会期间的网络零故障，让大家尽情享受到体育赛事的美好。

可以说，华为深耕巴西20年，经历了世界杯、奥运会、狂欢节等许多个这样的瞬间，这些瞬间贯穿着华为在巴西20年的艰辛与发展。

今天，在世界范围内，数字经济正进入一个全新的产业周期，这个周期内最大的特点，就是ICT数字技术和数字基础设施被各行各业广泛应用，深刻影响并重新定义各行各业，有效促进经济的发展和惠及民生的进步。

首先，全云化时代已经来临。今天各种行业云兴起，我们预计到2025年，大部分企业信息技术解决方案都会被云化，所有企业都会用到云的技术、云的模式，85%以上企业应用会被部署到云上。巴西云化的空间和云服务的机会还是非常大，因此既要从战略上重视，也要从战术上落实。

其次，万物互联、万物感知是行业数字化基本特征。从联接人到联接物，联接将广泛存在于公用事业、交通、制造、医疗、农业、金融等各个领域，巴西的行业数字化进程蕴含着十分广阔的发展空间。

再次，数据治理越到位，数字化价值就会越大，有些行业已进入了数据分析的"深水区"。比如，医疗行业通过比曲棍球还小的设备采集人体指标，有效监控健康状况，大幅提升医疗数字化水平；再比如，平安城市中的融合指挥、道路安全、警务大数据，智慧城市中的智慧交通、智能电网、智慧医疗……这些行业的数字化价值已经开始体现出来，这背后都源于数据、算法、算力的持续进步，带来数据治理水准的不断提高。

　　未来，随着数字技术和数字经济的不断创新发展，在给所有产业带来进一步繁荣机会的同时，更需要我们在行业布局上有新的思路，在重新构建自身企业运营上下功夫。华为始终坚持"以客户为中心，为客户创造价值"，通过技术创新和市场投入，在和客户一起不断探索和创新中推动行业发展。

　　对于巴西而言，数字经济新周期是一个全新的机会，ICT基础设施将起到重要的支撑作用。各行业的数字化也将迎来发展新机遇，成为新动能，助力巴西经济发展。

　　华为在巴西已经营20年，作为重要的ICT基础设施及行业数字化伙伴，我们将继续高质量地服务于巴西。

　　首先，华为将聚焦ICT基础设施，使能巴西的数字化转型。使能巴西的连接无处不在，协助运营商改善运营效率，提升ROI；协助运营商实现全光网络的覆盖，并通过4.5G、5G的应用构筑万物互联的智能世界；以宽带创造更好的应用和体验，引领视频、4K、VR驱动的行业数字化；打造开放可信的云平台，为客户提供云服务，引领ICT基础设施的全面云化。

　　其次，华为将持续投资"云化、5G、大数据、AI"等数字技术，并构建出"端、网、云"协同的ICT基础设施平台，让包括巴西各行各业在内的生态合作伙伴，能够在我们的黑土地上创新发展，构筑产业生态、推动社会发展和经济增长。

　　一直以来，华为与巴西科研机构、院校以及伙伴紧密合作，打造全产业链的价值创造与分享机制，并通过优化运营商环境，推动产业良性发展。早在 2009年，华为就与 INATEL大学深度合作成立了能力创新中心(CIDC)，共同为巴西运营商的网络发展献计献策，累计为本地培养了超过3万名ICT人才；我们与 TIM、OI创立联合创新中心，用于开发 LTE和 NFV；我们加入本地行业组织，积极参与和支持规范、标准制定，构建共赢生态圈。

面向未来，通过创新的 ICT解决方案打造数字化引擎，推动各行各业的转型，华为愿意和各界一起，共同把数字世界带入巴西的每个人、每个家庭、每个组织，构建万物互联的智能世界。谢谢大家!

(2018年 6月，华为董事长梁华在巴西数字转型峰会上《展望在巴西的未来发展》的发言。本文题目为编者所加。来源:2018年 06月 06日，华为官网)

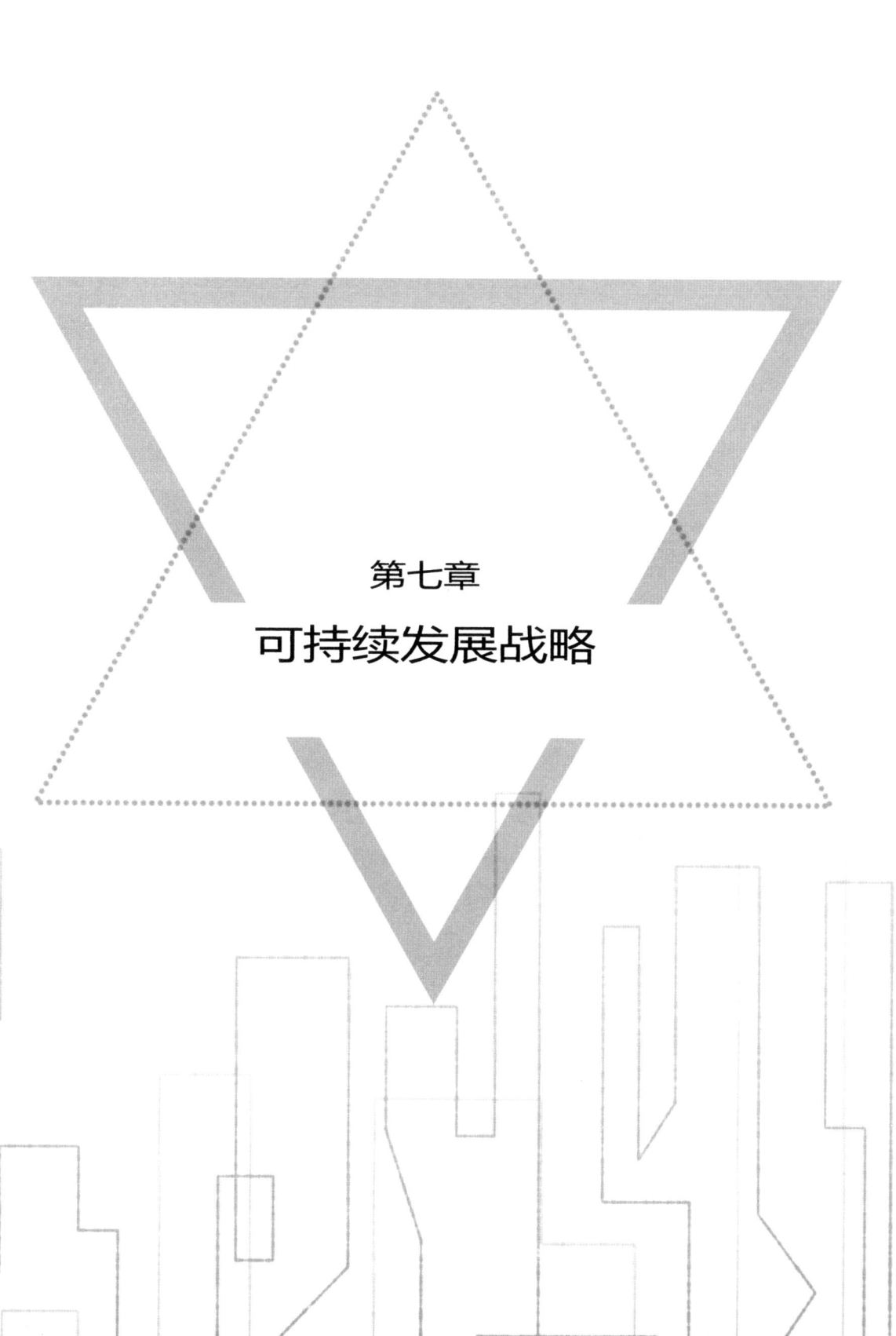

第七章

可持续发展战略

华为在自身发展的同时，积极承担社会责任，坚持可持续发展战略，带动当地社区共同发展。华为利用 ICT 技术优势和管理经验，与全球各国政府、客户和非营利组织共同开展各种公益活动，包括支持 ICT 创新，支持当地教育事业和人才培养，支持社区环保活动和传统文化活动，帮助当地社区改善民生，向当地公益组织提供各种形式的支持。

华为 2017 年 6 月 29 日发布《2016 年可持续发展报告》，报告以"联接未来"为主题，阐述了华为过去一年取得的可持续发展成果、战略落地情况和具体实践。这是华为连续九年主动向社会公众报告公司的可持续发展状况。该报告披露，2016 年，华为全年实现销售收入为 5215.74 亿元人民币，同比增长 32%；华为全球员工保障投入约 16.9 亿美元（人民币 112.7 亿元），较 2015 年增加约 22%。

2016 年 10 月 30 日，中国社科院发布《企业社会责任蓝皮书》，该蓝皮书系统地披露了国企 100 强、民企 100 强和外企 100 强，以及电力、银行、食品等 16 个重点行业的社会责任发展指数。华为社会责任指数达到 88.6 分，位居中国民营企业第一名。

第一节 生态与产业发展理念

近年来，全球范围内的不确定性增加，经济持续下滑趋势更加明显。在此背景下，企业投资者和管理者的短期思维变得普遍。然而，企业领导层如能应势而为、勇于担当，将在很大程度上改善社会的面貌。

华为坚持长期的价值创造和价值分享。华为每年坚持将 10% 以上的收入投入研发领域，从不因短期经营效益的波动或短期的财务目标，而减少在创新方面的投入，牺牲未来的产出和生产力。在财务方面，华为专注于财富的实际创造，不进行损害相关人利益的财富转移。在人才方面，华为认为："我们没有任何稀缺的资源可依赖，唯有通过员工的长期艰苦奋斗才能持续为客户、为社会创造价值，奋斗者也能因此获得合理回报与个人成长。"

2017 年 1 月，由世界经济论坛国际工商理事会发起，包括华为在内的全球 100 多家领先企业签署了"领导力契约：应势而为、勇于担当"，共同促进全球可持续的长期投资和增长。华为公司承诺："以追求长期、可持续的价值创造为基础，制定公司战略，承诺定期审视公司的治理、长期目标和发展战略。作为签署人和公司董事长，我将支持和监督该契约的执行，推行长期战略，促进可持续发展。"

"开放、合作、共赢"数字世界和智能世界的构建与落地，需要整个生态的共同努力。华为坚持打开边界，与世界握手，与合作伙伴一起建立"互生、共生、再生"的产业环境和共赢繁荣的商业生态体系，共同促进数字世界、智能世界的加速发展，让所有人受益更多。ICT 技术的应用与各行各业不断融合，有效促进了传统经济向数字经济转型，特别在应对气候变化、教育、医疗、环境污染、资源短缺的挑战中，ICT 行业正发挥着巨大的力量。例如，远程视频服务，使得人们沟通的距离近在咫尺，从而避免长途旅行而增加的碳排放；智慧城市和智能交通将进一步推动城市的可持续发展和环境问题的改善。华为发布的全球 ICT 产业愿景显示：到 2025 年，ICT 产业带来的全球节能减排量较 2015 年将增长约 11 倍，远超自身能耗和排放量，而 ICT 也将成为全球可持续发展的重要使能技术。

华为通过聚焦 ICT 基础设施和智能终端，提供一块信息化、自动化、智能化的"黑土地"，众多用以解决可持续发展问题的产品与解决方案得以在土地上茁壮成长。当前，华为创新的 ICT 技术已经助力全球 102 家运营商实施网络能效提升，降低能耗，共同打造低碳环保的绿色网络；华为智慧城市解决方案已服务全球 40 多个国家和地区的 120 多个城市，让城市更高效、环保和可持续；华为与全球光伏行业 Top 100 客户建立起全面合作关系，积极构建开放共赢的智能光伏生态圈，促进清洁能源的利用，助力绿色世界的建设。

华为持续贯彻与践行三大生态与产业发展核心理念：一是做大产业、做大市场，比做大华为自己份额更加重要。二是管理合作比管理竞争更重要。华为坚持做"黑土地"和使能者，不与合作伙伴争利，长期坚持开放、合作、共赢。三是共享利益。面向万物互联的数字世界和智能世界，华为坚持做黏合剂，通过共享利益实现"团结一切可以团结的力量"。

具体而言，华为一方面在标准组织、产业联盟、开源社区等各类产业组织中积极贡献，加速产业发展，做大产业空间；另一方面，围绕客户商业场景，构建、参与开放使能平台和商业联盟，联合生态伙伴开放式创新，快速提供适配需求的客户解决方案，帮助客户构筑数字化转型领先优势，加速商业成功。与此同时，华为与全球多个国家的政府合作，携手产业合作伙伴共同为各国 ICT 以及产业数字化转型献计献策，助力 5G、IoT、云等新技术，促进各国经济发展。

1. 标准组织：依托关键领域的技术创新优势，在关键标准组织中积极贡献，促进标准统一与加速成熟，避免产业分化。

2017 年，华为在 3GPP 与主流玩家共同推进第一个 5G NR 可商用版本标准发布，促进 5G 产业无障碍；在 IETF 提出多个征求意见稿（RFC），促进 IP 产业升级；在 IEEE 贡献 Wi-Fi 和以太基础技术提案，并为 PLC-IoT 生态建设奠定基础；在 ETSI、ITU 等推动产业汇聚，避免产业分化；加大在大数据、安全、消费者等领域的关注和投入。

2017 年，华为一共提交标准提案超过 5000 篇，累计提交超过 54000 篇。向 IETF、IEEE、OIF、BBF 等标准组织提交 VPN+、50GE、FlexE 2.0、25G PON、CloudCO 等多篇新技术建议，并完成标准立项，推进产业共识。

2. 产业联盟：围绕未来产业愿景，华为积极推进、构建和运营产业联盟，凝聚共识，加速产业孵化与发展，做大产业空间。

联合行业主流产业玩家，华为在 2017 年共同创建切片、ON2020 光网络等产业联盟、IIC/AII 网络与连接工作组，推进边缘计算、

5GAA 与 OPRC 等产业联盟发展，凝聚产业共识，共同做大产业。

积极与 GSMA 高层开展战略对话，推进电信领域产业玩家形成数字化转型共识。联合 TMF 拓展开发者生态，发布首个数字化成熟度模型（DMM）使能运营转型。联合 BBF 及产业玩家，共建固定网络云化共识。

华为还依托 IIC 融入垂直行业核心圈，联合发布生态实验室，推动全球行业数字化进程。

3. 开源社区：华为拥抱开源，在主流基金会及开源社区中积极协同贡献，促进社区融合，加速产业开放式创新与开放生态构建。

积极投入开源社区（OpenStack、CNCF、OCI、 ONAP、OPNFV、FD.io、Linaro等），目前在有重要国际影响力的开源社区中，华为已有董事席位10个，并拥有超过200个TSC/PTL/Core Committer席位。

华为推动社区融合，减少产业分化，积极促进定位相似的开源社区融合，推动 OPEN-O 和 ECOMP 合并组成 ONAP 社区等。

华为还积极推动开放认证，促进开源商用化进程。在OPNFV主推CVP认证，可解决NFV多厂家互联互通问题、加速 NFV产业发展。通过主动开源（CarbonData、LiteOS、OpenSDS、 ServiceComb等）加速开放式创新，构建开放生态。

值得关注的是，华为在帮助偏远农村地区实现移动信号覆盖方面做了大量卓有成效的工作。在广大偏远农村地区，采用传统铁塔宏站进行广覆盖后仍然存在大量弱覆盖或者无覆盖区域。与此同时，随着经济的发展，居民通信需求日益强烈，也产生了宽带上网的诉求。由于偏远地区基础设施差、无市电、无传输资源，如果建设传统的铁塔宏站，那站点基础建设的成本较高。

为了解决连接区域居民日益增长的语音和数据需求，同时提升运营商农网建设的投资回报率，华为发布的 RuralStar 2.0 方案在传输、基建、基站、能源等方面进行了创新。RuralStar 2.0 方案目前已经在加纳、泰国、阿尔及利亚、尼日利亚等国家成功商用，使偏远地区的农民能上网获得农业信息，使妇女和儿童有机会通过互联网获得教育资源，移动信号的覆盖促进了当地经济的发展，提升了当地人民的生活水平。

第二节 "未来种子"项目和沃土计划

当地时间 2017 年 7 月 6 日，华为巴西公司在圣保罗新落成的华为培训中心举行"未来种子"颁奖仪式，为即将赴中国学习的 2017 年巴西 20 名"未来种子"大学生颁发证书。此次入选的大学生由华为及其合作院校，包括巴西国家通信学院、圣保罗大学、巴西利亚大学、南巴拉那大学等联合选拔。

华为巴西公共关系部副总裁刘维表示，通信信息技术的相关投入与国家 GDP 增长密切相关，而人才是产业发展的基石，充足的高质量通信信息技术人才有助于加快数字化转型进程。作为全球通信信息技术领先企业，华为致力于同合作伙伴一同在巴西建设健康良好的产业生态环境，促进通信信息在巴西本国市场的发展，扩大当地就业市场。"通过'未来种子'项目，巴西学生将接触到全球最领先的技术，了解未来几年产业发展趋势"。

巴西通信科技部副部长安德烈、教育部信息科技总监雷蒙斯及劳工部就业政策处处长伊吉诺等出席该活动。这是华为巴西公司选拔的第三批"未来种子"大学生。两年前，华为在巴西启动"未来种子"教育项目，已先后选拔30名巴西大学生赴中国交流与学习，取得良好效果，受到巴西大学生的青睐。

华为开展"未来种子"项目，旨在培养本地ICT人才，促进知识传递，加强人们对ICT行业的了解和兴趣，鼓励更多人加入数字社会中来。作为华为全球企业社会责任旗舰项目，截至2017年底，"未来种子"项目已在全球108个国家和地区实施，超过3万名学生从中受益。

华为坚持技术创新，坚持开放式技术创新，促进产学研合作共赢，兼顾ICT人才培养，为数字世界、智能世界的加速发展建立坚实基础。

自2010年在欧洲启动以来，截至2017年底，华为创新研究计划（HIRP）已与全球30多个国家和地区的400多所研究机构及900多家企业开展创新合作，基本覆盖全球Top100高校，100多位IEEE、ACM Fellow及国家院士，50多个国家重点实验室，近400个顶尖团队以及2个诺贝尔奖得主团队等大量优质资源组织。华为创新研究计划获得学术界的认可。2017年，多伦多大学工程学院授予华为"企业学术公民奖"，香港理工大学授予华为"杰出知识转移奖"，世界开放创新大会（WOIC）授予华为"业务转型奖"。

值得一提的是，华为注重优化开发者生态，持续优化华为开放平台能力，使能数字世界的万物生长，打通最后一公里，丰富客户方案、应用与服务。持续拓展以消费者云为核心的华为终端开发者联盟，而全球注册开发者已达 35 万人。

华为持续建设和做强 OpenLab，支撑区域生态繁荣落地，全球部署 16 个 OpenLab，成为华为与客户、伙伴的联合创新、开发、验证及体验中心。

"沃土计划"是华为面向开发者伙伴制订的使能计划。首届华为开发者大会（HDC）2015 年 10 月在深圳举行，来自全球的 2000 多名开发者合作伙伴及业内专家参加。华为发布了开发者生态战略和面向开发者的"沃土计划"。大会围绕"在一起创梦想"的主题，全面展示华为开放的 ICT 能力，华为产品与解决方案总裁丁耘在首届开发者大会上宣布："华为将在 5 年内投入 10 亿美金实施'沃土开发者使能计划'（简称'沃土计划'），打造面向开发者伙伴的开发使能平台和联合创新。"在技术和解决方案方面，华为为开发者提供的 ICT 开放能力覆盖云计算、大数据、物联网、移动宽带、SDN、移动办公等最前沿的技术领域。在市场方面，以商业合作为核心，以技术合作及人才培养为支撑，帮助合作伙伴取得商业成功。本次大会，华为宣布将打造以开发者伙伴为中心、以"LEADS"理念为指导的能力开放平台 eSDK，帮助开发者伙伴加速技术创新进程，提升差异化解决方案开发效率。

截至 2017 年底，"沃土计划"已完成投入 5 亿美元。2017 年，发布华为云开发者计划，加速优秀开发者对华为云的创新和商业变现。全球注册开发者 11.5 万人，增长 360%，全年新增解决方案和应用超过 3200 个。

第三节　建立广泛商业联盟

作为全球领先的信息通信技术解决方案供应商之一，华为从 1996 年开始"走出去"，截至 2017 年底，全球部署超过 50 万个基站，商用连接突破 1000 万，与 1000 多家生态合作伙伴共建生态。华为和运营商一起，在全球建设了 1500 多张网络，帮助世界超过 1/3 的人口实现了连接。

在走向全球市场的过程中，华为建立了广泛商业联盟，与伙伴联合构建面向客户商业场景的解决方案。

2017 年，华为加强了与微软、KUKA、埃森哲等伙伴的战略合作。至此，华为已与埃森哲、通用电气、Infosys、英特尔、SAP 等全球领先的咨询、应用及行业方案伙伴建立了战略合作关系，共同开发全球领先的云、物联网、企业数字化解决方案，加速全球产业数字化进程。

依托于开放的 X Labs 和 OpenLab，以 5G、云、IoT、AI、视频等平台与技术为核心，面向平安城市、交通、能源、金融、制造等行业，华为与包括 ABB、博世、海克斯康、霍尼韦尔等全球领先企业在内的 860 多家伙伴合作，共同构建适配各行业客户需求的解决方案，帮助客户实现数字化转型。

而且，华为特别注重与各国政府保持良好的关系，积极向各国政府献计献策，助力新技术，使之促进经济发展。

华为董事长梁华表示："华为一直在思考和探索如何使使能行业数字化，以加快各个国家的数字经济进程。在长期的探索中我们发现，ICT 投资对经济的影响远远超出投资者的直接收益，存在明显的溢出效应，包括组织内不同部门之间的溢出、行业内竞争企业之间的溢出、产业链上下游行业之间的溢出三种形式，从而推动整个国家经济的发展。2017 年华为与 Oxford Economics 联合发布的《数字溢出报告》显示，在过去 30 年里，数字技术投资每增加 1 美元，便可撬动 GDP 增加 20 美元，数字化技术的长期投资回报是非数字化技术的 6.7 倍，数字经济的增速是全球 GDP 增速的 2.5 倍。"

正是意识到数字技术对整体经济增长的巨大驱动力，全球大部分国家都在加大对 ICT 基础设施的投资与使能应用，以德国"工业 4.0""中国制造 2025"为代表，全球超过 140 个国家已经发布了国家 ICT 发展总体规划。华为全球联接指数（GCI）显示，2017 年整体 GCI 得分相比 2015 年提升了 4 分，全球数字经济进程正在加速。但同时专家研究发现，各国数字化发展的不均衡性正在加剧，ICT 基础设施领跑者相对于起步者的领先优势正在持续扩大，呈现一定程度的"马太效应"。

华为抓住这样的大好时机，加快了与各国政府的密切合作。华为参与欧盟 5GPPP，将 5G 的研发成果与 5G 实验项目进展贡献于欧洲 5G 产业政策的制定和完善；华为与欧洲行业协会和监管机构合作，贡献 5G 频谱白皮书，为欧洲和重点成员国 5G 频谱的发放研究提供建设性意见；参与欧洲 Horizon 2020（IoT、5G 研究），推动欧洲和其他地区的政策对话，实现全球统一立场，确保标准化和互通性。

凭借在 ICT 行业的全球经验，华为积极参与英国政府工业战略的制定，就如何推动英国下一代数字基础设施、全光纤以及 5G 网络的快速发展提出建议。

在 2017 年德国国家数字峰会期间，由华为参与主导的"融合网络"工作组推动强调了光纤扩展对 5G 的重要性。德国政府发布的国家 5G 战略采纳了工作组意见，并将着力促进光纤用于 5G 移动无线基站的连接。

支持巴西联邦政府推进数字化转型，尤其是对政务云进行规划，通过政府规划统一业务上云，提高公共服务效率，加强数据安全并降低综合成本。

华为成为马来西亚政府 ICT 核心问计伙伴，在首相主持的全球科技及创新顾问委员会会议上就频谱发放、国家宽带、资金投入政策进行倡议，与马来西亚国家经济发展部协同帮助政府制定 2050 远景规划，与高等教育部、砂捞越州政府、马来西亚中小企业管理机构等签署 MOU，助力马来西亚数字化转型和 ICT 人才培养。

华为与泰国数字经济部签订 MOU，共同开发数字经济白皮书，由政府直接投资并带动社会间接投资，促进农业、旅游、公共健康等行业的发展。

华为大力支持沙特"2030 愿景"，建立全连接数字王国，参与政府通用服务基金项目，为沙特偏远地区居民提供通信服务，消除数字鸿沟，联合市政、塔商及运营商构建灯杆站点联盟，挖掘公共资源，提高网络部署效率，其中，延布成为第一个综合类智慧城市。

通过建立广泛的商业联盟，加快拓展全球市场，华为的销售高歌猛进。2017 年，华为公司实现销售收入人民币 6036.21 亿元，同比增长 15.7%。净利润为人民币 474.55 亿元，同比增长 28.1%。盈利的提升主要来自规模的增长、运营效率的提升以及汇兑损失的减少。

第四节　承担企业社会责任

华为在尼日利亚经营超过 18 年，一直以来积极履行社会责任。听闻尼日利亚北部难民境况以后，华为联合尼日利亚内政部向难民捐赠大米、食用油、糖等救灾物资，给予难民人道主义援助，缓解灾情。在 2017 年 2 月 10 日举行的物资捐赠交接仪式上，尼日利亚内政部部长表示对难民的救援不光是政府的责任，鼓励更多的外国公司学习华为，在困难时刻向难民施以援手。捐赠仪式后，所捐物资已由内政部直接输送至北部难民营，及时交到难民手上。

尼日利亚是非洲第一人口大国，人口数量 1.8 亿，但失业率一直居高不下，达到 14.2%，尤其是大量青年失业，容易产生社会问题。2017 年，华为向尼日利亚无偿提供了 2000 人的 "ICT For Change" 的培训项目，向当地失业青年提供网站设计、电脑维修、华为认证数据通信工程师（HCDA）等实用课程，帮助当地青年重新获得就业技能、促进当地就业，获得了尼日利亚社会各界的广泛认可。

2017 年 3 月，秘鲁 24 个大区中有 13 个大区遭遇严重的暴雨和泥石流灾害，受灾人数近 10 万，近百人死亡，有 62.7 万人生活受到不同程度影响。华为在当地为 80% 的秘鲁用户提供网络，保障通信网络稳定是华为最重要的社会责任。

一方面，华为在秘鲁投入大量工程师和资源，与秘鲁运营商合作伙伴一起抢修设备，在最短时间内恢复受灾通信网络，保障人民通信与救援工作照常进行；另外一方面，因为灾区人民也需要救灾物资，所以华为为灾区人民捐赠重达 20 吨、价值 10 万新索尔的物资。华为还捐赠了一套价值 60 万美金的 eLTE 应急通信设备，协助秘鲁政府更好地完成救援工作。

由此可见，华为在自身发展的同时，积极承担社会责任，坚持可持续发展战略，带动当地社区共同发展。华为利用 ICT 技术优势和管理经验，与全球各国政府、客户和非营利组织共同开展各种公益活动，包括支持 ICT 创新，支持当地教育事业和人才培养，支持社区环保活动和传统文化活动，帮助当地社区改善民生，关爱弱势群体，向当地公益组织提供各种形式的支持，致力于做负责任的、受各地尊重的企业公民。

2018 年 7 月，华为发布了《2017 年可持续发展报告》，这是华为第十年主动向社会公众报告公司的可持续发展状况。报告主要介绍了华为在消除数字鸿沟，保障网络稳定安全运行和用户隐私，推进绿色环保与构建和谐健康生态这四大领域所采取的行动。过去一年，华为积极将自身行动与联合国可持续发展目标（SDGs）结合，推进可持续发展战略目标的落地。2017 年，华为实现全球销售收入

6036 亿元人民币，华为全球员工保障投入约 126.4 亿元人民币，较 2016 年增加约 12%。

为确保向客户和消费者提供有竞争力的 ICT 解决方案、产品和服务，华为通过了一系列的独立第三方认证，包括 ISO 9001/TL 9000（质量管理）、ISO 14001（环境）、OHSAS 18001（职业健康与安全）、ISO 50001（能源管理）、ISO/IEC 20000（IT 服务管理）、ISO/IEC 27001（信息安全）、ISO 28000（供应链安全），并在终端领域获得了 SA 8000（企业社会责任）和 ISO/TS 16949（汽车行业质量）认证。

华为成功通过了全球 Top 50 运营商中的 31 家以及重点企业客户的全面认证和例行评估、审核，范围覆盖了财务稳健性、质量管理、风险管理、交付与服务、供应链管理、知识管理、项目管理、网络安全、信息安全、EHS（环境、职业健康安全管理）、企业社会责任、可持续发展、业务连续性管理等方面。华为在这些核心领域里赢得了客户充分、广泛的认可，成为客户面向未来转型的战略合作伙伴。

延伸阅读

致我们的三十而立：
构建万物互联的智能世界

——轮值 CEO 胡厚崑 2018 新年献词

　　东风好作阳和使，逢草逢花报发生。2017年，全球经济整体复苏向好，ICT行业在进行产业结构性变革和调整的同时，仍保持着稳健发展。华为聚焦管道战略，加强经营质量管理，坚持为客户创造价值，全年销售收入预计约6000亿人民币，同比增长约15%。在此我代表公司管理团队，向全体员工的努力奋斗与奉献致以最诚挚的谢意！

　　运营商业务受到市场投资周期波动的影响，但仍保持了稳健经营。市场的波动也让我们更坚定地与客户一起探索与把握网络建设从"投资驱动"向"价值驱动"转变的趋势，华为助力全球运营商一方面立足现实，以品质家宽、全场景站点、Mobile Money等创新解决方案，挖掘数十万亿美元现网资产的潜能；另一方面，面向未来，加速 5G预商用测试，建设以数据中心为核心的全云化网络和数字化运营运维系统，为个人、家庭、企业用户提供视频、Iot、云通信等极致体验的业务，实现新增长。

213

　　企业业务着力于加速全球企业数字化转型进程，不断强化云计算、企业园区、数据中心、物联网等创新产品和解决方案，并在智慧城市、平安城市以及金融、能源、交通、制造等行业得到广泛应用。华为通过领先的"端、管、云"全栈式 ICT解决方案，帮助客户进行 ICT基础架构的顶层设计，同时基于"平台 +生态"战略，与合作伙伴共同打造企业数字化转型所需的生态链。目前，197家世界 500强企业、45家世界 100强企业选择华为作为数字化转型的合作伙伴。企业业务正呈现出喷薄欲出的活力与潜能。

　　消费者业务在打造"世界级智能终端品牌"的道路上不断突破。2017年，华为与荣耀双品牌并驾齐驱，用户忠诚度不断提升，市场规模快速增长，华为(含荣耀) 智能手机全年发货 1.53亿台，全球份额突破 10%，稳居全球前三，在中国市场持续保持领先。华为新推出的Mate10成为首款加载人工智能芯片的手机，我们为消费者带来了真正意义上的、足以称为由 AI主导的智能手机。未来将不断洞悉消费者需求，探索智能社会行业变革方向，在 AI、AR等领域积极创新，引领行业发展趋势。

　　我们新成立了云 BU，旨在携手合作伙伴，为客户提供稳定可靠、安全可信和可持续演进的云服务。华为的云服务从 2016年底 10大类 45个增加到 14大类 97个，上线包括制造、EI企业智能、电商、SAP等50多个解决方案。自从云 BU成立后，华为云的用户数、资源使用量都增长了 3倍。同时，华为推出公有云合作伙伴计划，全年发展伙伴超过一千家。

　　展望未来，5G、物联网、云计算、人工智能等新兴技术迅速走向规模化商用，行业数字化转型正进入深水区，以"万物感知、万物互联、万物智能"为特征的智能社会即将来临。我们既要关注满足客户长远需求的产业和技术，把握技术创新与商业变革的趋势，更要关注客户在数字化转型过程中所遇到的现实挑战，通过帮助客户解决问题实现商业成功来持续为客户创造价值。华为未来能够继续成功的关键在于两方面：一方面，战略要瞄准正确的大方向，但并不追求精确，要为适应不确定性留下调整的空间；另一方面，要让日益庞大的组织始终充满活力。要做到上述两方面并不容易，我们要有战略自信，坚定不移地往前走。

战略上，华为聚焦万物互联主航道，努力成为智能社会使能者和推动者。我们要有所为、有所不为，不能在非战略机会点上消耗战略竞争力量，就像高尔夫击球，只有击中球杆头部的"甜蜜点"才能不损失能量又获得最远的击球距离。万物互联我们要敢于领先，持续扩大优势；万物感知我们只聚焦在其中的连接和边缘计算、分布计算，持续构建并巩固优势；万物智能是行业知识和信息技术相结合的结果，我们聚焦云计算和大数据人工智能平台、On-Device AI，使能电信网络智能化及各行各业智能化，也用于内部管理的智能化。

战略思考要视野开阔、着眼长远，经营管理则要放低重心、脚踏实地。面对复杂的业务形势，我们既要实事求是，挤掉泡沫和水分，通过工作重心下沉切实提升经营质量，又要勇于挑战、敢于冲锋，抓住市场增长的机会，从容应对市场波动。经营管理工作是苦活、累活、细活，是综合性的系统工作，需要长时间的努力建设。代表处是公司最基层的，也是最重要的经营单元，公司各项管理动作要围绕帮助代表处提升经营质量，从一线到机关、再从机关到一线，围绕战略、机会、目标、打法、资源配置达成共识与合力，真正把工作做细、做实，来实现创造机会、挖掘机会、把握机会。运营商业务要跑赢行业大势，提高合同质量、积极寻求增长；企业业务要持续中高速增长，确保在5年内成为公司的业务顶梁柱；消费者业务要夯实基础、继续保持良好的发展势头并不断提高盈利能力；公有云业务要按既定战略投入，提高产品竞争力，集中精力追求规模增长。

我们要以"春雨润物细无声"的方式呈现价值与贡献，获得信任，持续改善、软化商业环境，使之与公司未来千亿美元规模相匹配，在更高层面支撑业务发展。华为的价值循环平台将是全产业链的价值创造与分享，我们要利用好最优秀的资源，在资源多、政策好的地方加强布局，构建产业生态圈。同时，要提升对风险内控、合规运营的监管能力，建立危机预警及管理机制，守护好企业形象。

继续坚持从成功实践中选拔干部，让更多有使命感和责任感，具备战略洞察能力和决断力，富有战役管控能力，崇尚战斗意志和自我牺牲精神的员工走上各级重要岗位。2017年我们完成了对4500名优秀员工的破格提拔；2018年将继续对6000名员工破格提拔，其中3000名在15、16级，2000名在17、18、19级，其他职级1000名。代表处是公司实现健康经营、有效增长的关键经营单元，要加快代表处代表等一线主官、专家及职员岗位的干部选拔，公司对艰苦国家及地区将推行"蒙哥马利"计划，打通从"二等兵快速晋升到上将"的流畅通道。谁说撒哈拉沙漠没有将军，蒙哥马利不是吗？坚持论责任结果而不论资历，实事求是地根据其责任结果提升这些员工的职级；同时，要看到日益复杂的业务环境对一线主官的能力提出了更高的要求，因此要加快对一线主官的赋能，提高他们的任职能力，使他们敢战而且善战。加快职员队伍的建设，对确定性工作及时、准确、快速、精细化管理。加快代表处专家队伍的全能化建设，培养选拔一批能文能武的文职将军。各经营责任中心的主官要聚焦作战与胜利，以商业成功与持续成功作为唯一衡量准绳，坚持驱动发展与防范风险的并重，坚持短期收益与长远发展协调平衡；公司高层干部要多仰望星空，引领公司前进的方向。各级主官和专家要学习向坤山、满广志，真正深入业务场景去了解业务，发现和解决问题。要敢于使用先进武器，打赢复杂的信息化战争，不要用汉阳造的悲怆文化掩盖主官的无能。

努力奋斗的优秀人才是公司价值创造之源，我们坚持"积极、多元、开放"的人才观，构建公司与人才同创共赢的人才管理机制。面对更加动态变化的商业环境、更加复杂的内部业务需求，对外要打开组织边界，用多种方式整合优秀资源，"一杯咖啡吸收宇宙能量，一桶糨糊粘接世界智慧"；对内要敢于破格提拔优秀人才，给优秀人才更多成长的机会，要大胆地开展各类人才的差异化管理，形成主官、专家、职员各司其职的人才结构，促使各类人才能在最佳时间、最佳岗位，做出最佳贡献，获得最好回报。

为适应公司更加复杂的业务结构，我们要逐步建立起集团统治与各业务单位分治并重、责权清晰、运作高效、监管有效的分布式组织运作模式，让各业务在集团共同价值的管控下和共同平台的支撑下自主生长。我们的组织阵形要灵活，从集团到地区部、国家，队形能张能收；我们的组织规模要有弹性，需要资源的时候能得到，不需要资源的时候就释放掉。坚定不移地继续推进公司经营重心的前移，加强项目型组织的运作，真正实现一线指挥炮火，机关支撑服务。要通过经营责权前移后的反向运作梳理和一线评价机关机制的建立，努力实现机关职能向平台化、服务化、市场化的转变，从而大力推动机关组织的精简与合并，减少冗余低效的管理层级。

继续坚持"以客户为中心、以奋斗者为本、长期艰苦奋斗"的价值观不改变，坚持"责任结果导向"的评价原则，贯彻"物质文明和精神文明"双轮驱动，将组织的愿景使命与员工个人的工作动机相结合，不断激发组织与员工追求更高成功的内在动力。在内外合规、责任自担的基础上，基于信任进行管理，促进各类组织与干部员工主观能动性的发挥。要通过简化过程KPI、增强协同考核等方式，重塑"胜则举杯相庆，败则拼死相救"的群体奋斗精神。

2018年，华为三十而立，风华正茂。未来二三十年，人类将进入智能社会。面向新的时代，华为立志：把数字世界带入每个人、每个家庭、每个组织，构建万物互联的智能世界。这既是激发我们不懈奋斗的远大愿景，也是我们所肩负的神圣使命。

寻芳陌上花如锦，折得东风第一枝。充满希望和活力的新时代已经到来，相信多年后，你我仍会因身在华为、历经这样的奔腾年代而激动不已。在此，恭祝各位同事和你们的家人们新年快乐。2018年，让我们一起拥抱更多的收获和成长，创造更加美好的未来！

（引自《华为人》第334期，2017年12月29日）

第八章

启示录

任正非对华为这个青涩少年的贸然出击，挑战摩托罗拉、爱立信的"百年老店"，有着充分的理性认知："我们总不能等到没有问题才去进攻，而是要在海外市场的搏击中，熟悉市场，赢得市场，培养和造就干部队伍……若三至五年之内建立不起国际化的队伍，那么中国市场一旦饱和，我们将坐以待毙。"

抓住机会窗的时间差，一边奋力抢市场，一边进行管理变革，这成为华为早期国际化的显著特点。

华为成功实施国际化战略，带给中国企业最重要的启示，是在从价值链中低端走向中高端的过程中，通过抢占边缘化的细分市场实现起步，实施开放合作的"统一战线"获得价值成长，坚持持续自主创新和开放创新获得价值提升。

第一节　走出去，活下来

所谓国际化，是针对本土化而言的，就像白天是针对黑夜而言，快乐是针对痛苦而言。什么人最渴望白天？当然是在黑夜中的人。

什么人最渴望快乐？当然是在经历痛苦的人。什么公司最渴望国际化？一定是那些正在经历着本土化痛苦的公司。

国际化战略是企业生存发展之路，势在必行。通信市场是一个高度全球化的市场，无论在哪里都会面临来自国际巨头的直接竞争。而且，中国市场虽然绝对规模不小，但要想寻求更大的市场空间，要成为国际卓越的通信制造企业，必须在全球范围配置资源，在竞争中不断积累自主创新的竞争实力。

对华为而言，走出去就是机会，这是一个简单又朴素的道理，但其中的艰辛，付出的努力、勇气和毅力却是外人很难体会的。2003 年，全球最具权威的 IT 研究与顾问咨询公司 Gartner 的时任亚太区副总裁 Robin Simpson 在报告中告诫国内的电信制造企业：仅仅靠国内市场，将来是危险的。因为将来不会有仅仅依靠区域市场存在的电信设备商，所有的电信设备商都必须是国际化的。

实际上，早在 1994 年，当华为自主开发的数字程控交换机刚刚打开中国市场时，任正非就预感到未来中国市场的竞争一定十分惨烈。市场很快就证实了任正非的预言。

1995 年，中国通信市场竞争格局发生巨变。通信设备的关税相对较低，因而令国内、国际市场的竞争空前激烈。一方面，国际市场萎缩直接影响中国企业对于国际市场的拓展；另一方面，国际通信设备巨头在国外出现需求紧缩的情况下不可避免地把刚起步的中国市场作为其攫取的目标，以此来弥补他们在其他市场的颓势，这势必给华为等国内企业造成很大的竞争压力。

当时华为的主打产品的国内市场份额不断增长，其主要产品均

已超过 30%。1998 年，华为的销售额比 1995 年增长了 6 倍，达到了
89 亿元。更为重要的是，华为已经基本实现了"农村包围城市、最
终夺取城市"的战略目标，华为的核心产品已经进入了国内所有发
达省份和主要城市。华为第一次成为国内企业的老大。但即使是在
国内市场，华为这位国内企业中当仁不让的老大，与国际厂商相比
仍然有相当大的差距。正如任正非在其文章《创新是华为发展的不
竭动力》中所写的："华为的发展得益于伟大的改革开放时代，得
益于党和政府的技术创新政策。华为发展的十年时间，正是祖国经
济大发展，人民生活不断改善，信息消费不断增长的时期，这为华
为提供了生存与发展的空间。离开了时代的进步和社会经济环境的
改善，华为纵有技术进步也难以生存。

"同时，这十年，也是西方著名公司蜂拥进入中国的十年。其实
他们不仅是竞争者，更是老师与榜样。他们让我们在自己的家门口
遇到了国际竞争，知道了什么才是世界先进。他们的营销方法、职
业修养、商业道德，都给了我们启发。我们是在竞争中学会了竞争
的规则，在竞争中学会了如何赢得竞争。世界范围内的竞争者的进
步和发展咄咄逼人，稍有松懈，差距就可能再次拉开；而且国内同
行的紧紧追赶，使我们不敢有半点惰怠，客观上促进了我们的快速
进步。"

可以看出，当时华为已经开始思考，一旦国内市场萎缩，企业
将何去何从。任正非认为，只有走出去才能活下去。20 世纪 90 年
代中期，在与中国人民大学的教授一起规划《华为公司基本法》时，
任正非就明确提出，要把华为做成一个国际化的公司。与此同时，

华为的国际化行动就跌跌撞撞地开始了。这显示了任正非的前瞻眼光和远大战略。但是在当时很多人看来，华为要走向国际化不过是痴人说梦。

华为前人力资源副总裁吴建国认为华为国际化是无法绕过的门槛。他分析道："中国加入 WTO 以后，国际化愈加成为中国企业发展进程中无法绕过的门槛。而华为提早将国际化作为自身发展的重点，还有其他因素的考虑。从华为所在的电信设备市场来看，进入 21 世纪之后，虽然移动通信与宽带网络市场仍有比较快速的增长，但中国的电信设备市场的总体发展速度已明显放缓。中国电信运营商固定资产的投资，从 1996 年到 2000 年 24.9% 的年平均增长率，快速下降为 2000 年到 2002 年 2.1% 的年平均增长率（资料来源：CCIC）。华为、上海贝尔（阿尔卡特控股之前）、中兴三家公司作为中国国内的主要设备供应商，占据了传统电信设备市场的一半以上。特别是华为，其主打产品交换机、接入网、光网路、智慧网、接入服务器等的国内市场份额都已超过 30%。但大家都已清楚地认识到，随着市场增量的减小，在传统产品市场上，收入与利润的增长已经变得异常困难。因此，电信设备市场的龙头厂家，必须在战略上做出调整，以维持自身的持续发展。三家公司都开始加大新产品的开发力度，但真正的差异还是在战略发展路径上。"由此可以看出国内电信设备生产厂家面临的困境。

《华为公司基本法》起草者之一吴春波分析道："华为进入国际市场不是短期的投机行为，而是基于公司'活下去'的基本目标，在华为，'活下去'与'走出去'是紧密联系的，要活下去，就必须走出去，而只有走出去，也才能活下去。可以讲，华为的国际化是以生存为底线的国际化，是以活下去为目标的国际化，因而在国际化道路上，华为走得非常执着和坚定。"为了活下去，任正非跳出通信业看世界大势。1995 年，任正非看到将来不会有仅仅依靠区域市场生存的电信设备商，所有的电信设备商都必须是国际标准化的。

于是从 1996 年，华为就开始了国际化布局。为了开拓国际市场，华为在 8 年时间内投入人民币 100 亿元。 1998 年华为更明确制定了双线战略：在保持国内领先地位的同时，迅速拓展国际市场。

第二节　抓住走出去的机会

2001 年，在 20 世纪 90 年代中一路高歌猛进的欧美 IT 企业，大多数陷入十年高速增长以来的首次业绩衰退。20 世纪 90 年代的明星公司北电网络更是首现巨亏，欧美市场运营商纷纷收缩开支，设备商们开始感受到来自外部的市场寒意的同时，也首次感受到了来自内部的成本压力。这让嗅觉灵敏的华为，闻到一丝市场的先机。

外部环境越是恶劣，竞争越是惨烈，对成本与服务能力的要求就越高，而这是"土狼"华为的优势。任正非对当时局势的总结是："我们的队伍太年轻，而且又生长在我们顺利发展的时期，抗风险意识与驾驭危机的能力都较弱，经不起打击……如果不趁着短暂的领先，尽快抢占一些市场，加大投入来巩固和延长我们的先进，那一点点领先的优势都会稍纵即逝，不努力，就会徒伤悲。我们应在该出击时就出击……我们现在还不是十分危险……若三至五年之内建立不起国际化的队伍,那么中国市场一旦饱和,我们将坐以待毙!"

认识到这一点,华为在蛰伏海外市场三年之后,开始发出猛烈攻击的炮火声。2001 年 1 月,任正非在公司"欢送海外将士出征大会"上发表了那篇著名的《雄赳赳,气昂昂,跨过太平洋》的讲话,他说:"总是在家门口争取市场,如果市场饱和,将如何去面对。我们没有像朗讯等那样雄厚的基础研究,即使我们的产品暂时领先也是短暂的,如果不趁着短暂的领先,尽快抢占一些市场,加大投入来巩固和延长我们的先进,一点点领先的优势都会稍纵即逝,不努力,就会徒伤悲。我们应在该出击时就出击。一切优秀的儿女,都要英勇奋斗,决不屈服去争取胜利。"

华为利用了经济低迷带来的机会,从 2001 年以后提高了海外业务开拓的速度。2001 年,任正非在其题为《迎接挑战,苦练内功,迎接春天的到来》的演讲中谈道:

我们现在要有精神准备,要振奋起精神来。海外情况非常好。今年独联体地区部、亚太地区部会在上半年开始有规模性的突破。大家知道今年(2001 年)一季度我们出口大于内销,国内销售低于出口。当然国内是因为萎缩了一点,但是出口也涨得太猛了一点,与去年同期比增长了 357%。今年下半年,我们认为中东、北非地区部要起来。昨天走在马路上,听了东太平洋地区部的汇报,今年也要销售 7000 多万美金。发达地区的欧洲地区部我还没听汇报。去年(2000 年)

汇报比较保守的今年也起来了，我想明年（2002 年）南美地区部也要起来，南美地区部现在在做什么呢？到处在测试，到处在开实验局，这就是市场开始走向新的培育的迹象。中东、北非地区部今年夏天可能起来。"9·11"后，常征坐不住了，本在公司还能工作半年，坐不住了，要回北美去。我对他说，"9·11"后大家不想坐飞机，开起会来，会议电视肯定就有市场，我想在美国几十亿美金左右的市场可能还是存在的。我们的产品还是有一定竞争性。最近孙总去访问了中东、北非地区。以前中东是向西看，现在是向东看，向东一看，就看到我们的交换机，看到我们的传输。所以说，我们在国内，为了抢一个 2000 万的项目投入的力量是七八十人，而我们在国外，一个 2000 万的项目还分配不了一个人，一个人同时得管好几个项目。我认为今年（2001 年）中东、北非地区部会起来，去年（2000 年）销到几千万美元，今年的规模应该会大起来。出口的利润还是很好的。智能网国内 6 块一线，国外 15 美金到 40 美金一线，还是要出口。我认为有必要动员大家，至少动员在座的部下，要输出一些到海外去，海外的进步是很大的。当时出来时，一些人认为公司不要我们了，把我们扔出来了，出来几年一看，感觉在海外的锻炼是很大的，进步很快，成长很快。这是客观事实。新的一年里，我们还会继续遇到困难，其实越困难时我们越有希望，也越有光明的时候。因为我们自己内部的管理比较好，各种规章制度的建立也比较好。发生市场波折时，我们是最可能存活下来的公司，只要我们最有可能存活下来，别人就最有可能从这上面消亡。在人家走向消亡时，我们有两个原则，我们应该吸纳别的公司的好员工，给他们以成长、发展的机会。所以市场部的员工心胸要开阔，能包纳很多优秀员工进来；同时，在座的你们及你们的部下，要选派一些好的员工到海外去。加强对中东及好多国家的增"兵"，增加能量。大家要有新思维、新方法和创造性的工作及思维方法去改善这种市场的状况。

第三节 开放但不结盟

思科起诉华为，于华为和思科都是里程碑式的事件。思科从此变得趋于防守和封闭，华为却变得越来越开放和进取。华为反思的结果是，要更开放、更勇敢，甚至"与狼共舞"，也许就能后来居上。因此，华为一改过去单打独斗的彪悍做法，开始奉行让利、共赢、妥协、合作，但不结盟的方针。

2005年，华为领导层把与竞争对手的合作提升到改变公司未来发展格局的高度："几年前我们提出以土地换和平，加大与友商的合作步伐，实现优势互补，共同为客户创造更大的价值。经过七八年，我们终于让相当多的人认识了我们，很多友商开始视我们为朋友，在为客户提供优质服务中展开竞争，在降低开发成本上进行合作，这些管理格局的变化，已经明显反映到我们的发展态势中来了，未来公司的发展将发生很大的历史性变化。"

　　任正非很明白，只有开放，才能让华为吸取最宝贵的经验，尤其是管理的变革需要向西方虚心学习。华为不惜巨资向西方学管理，拜 IBM 等西方公司为老师，为了管理现代化不惜"削足适履"，实际上就是坚持开放的结果。任正非曾经说："在这样的时代，一个企业需要有全球化的战略眼光才能发奋图强，一个民族需要汲取全球的精髓才能繁荣昌盛，一个公司需要建立全球化的商业生态系统才能生生不息，一个员工需要具备四海为家的胸怀和本领才能收获出类拔萃的职业生涯。"

　　2014 年 5 月，在英国伦敦接受媒体采访时，面对众多记者的一再追问，任正非反复强调一个关键词——开放。无论是对于个人的成长问题，还是对于华为的发展问题，乃至对于中美两国的看法，任正非都一再强调，开放是促进国家进步的力量，也是促进华为进步的力量。任正非对媒体明确表示，华为支持中国继续走改革开放的路线，继续融入全球化，华为也将坚持开放合作的企业理念，对社会越来越开放、越来越透明，越来越增强大家对华为的信任。

　　2016 年 5 月，任正非与华为 Fellow 座谈时谈道："苹果公司很有钱，但是太保守了；我们没有钱，却装成有钱人一样疯狂投资。"这句话的意思分明是说，苹果有钱但太保守，华为没钱却很开放。从华为的三大主营业务看，企业业务、消费者业务和运营商业务都展现出比以往更加开放的姿态。比如，在企业业务方面，华为采用了开放的技术架构，为行业用户提供创新、差异化和领先的产品与解决方案。在运营商业务方面，华为开始为运营商提供全面的转型支撑及服务，并与行业共同推动 5G（第五代移动通信）、IoT（物联网）等面向未来的前沿技术发展。

这些年来，华为广泛开展世界范围的技术和市场方面的合作，与包括竞争对手在内的国际大公司建立战略伙伴关系，先后与德州仪器、摩托罗拉、IBM、英特尔、朗讯科技等公司成立联合实验室或合资公司，在印度、英国、法国、瑞典、意大利、俄罗斯等国设立研究所。在华为 16 大研究所中，有 8 大研究所在其他国家；同时，也与客户建立了 31 个联合创新中心，其目的主要是共同研究客户未来的需求；与全球上百所大学进行形式多样的合作创新，从而形成了华为高度开放的研发模式。

然而，合作并不等于结盟，结盟会把自己的手脚捆死。结盟是反对开放的，是开放的对立性思维，会让华为进入另外的封闭体系，甚至被结盟的另一方吃掉。在华为领导人看来，一边倒的"战略结盟"就是在为华为制造更广泛的对手，这对华为并不是好事。因此，华为在走国际化道路的时候，坚持不与任何行业巨头建立所谓的统一战线或者排他体系。

这些年来，在走国际化的道路中，华为避免不了与西方公司产生摩擦，但华为凭借低调务实、艰苦奋斗的作风走到了全球信息通信行业第一的宝座上。毋庸置疑的是，华为的开放战略是它不断制胜的一个重要法宝。

与发达国家企业站在全球价值链顶端，寻求低成本生产空间和市场的国际化或全球化所不同，华为国际化不仅是国际市场的开拓，更重要的是通过国际化实现产业链和价值链的攀升。开放创新则是国际化的有效路径。开放、合作、创新，打破封闭的发展思路，实施开放合作、创新共赢的发展策略，对任何国际化的企业都是一种巨大的挑战。这种价值提升的路径和经验，恰恰是华为留给中国企业的宝贵财富。

参考书目

1.李信忠.华为的思维：解读任正非企业家精神和领导力 DNA [M].北京：东方出版社，2007.

2.张贯京.华为四张脸 [M].广州：广东经济出版社，2007.

3.王永德.狼性管理在华为 [M].武汉：武汉大学出版社，2007.

4.刘世英，彭征明.华为教父任正非 [M].北京：中信出版社，2008.

5.张力升.军人总裁任正非 [M].北京：中央编译出版社，2008.

6.王育琨.企业家的梦想与痴醉：强者 [M].北京：北京理工大学出版社，2006.

7.程东升，刘丽丽.华为经营管理智慧：中国土狼的制胜攻略 [M].北京：当代中国出版社，2005.

8.汤圣平.走出华为 [M].北京：中国社会科学出版社，2004.

9.李尚隆.削减成本36招 [M].北京：机械工业出版社，2009.

10.[美] 德鲁克.创新与企业家精神 [M].蔡文燕，译.北京：机械工业出版社，2007.

11.元轶.柳传志谈管理 [M].深圳：海天出版社，2009.

12.任伟.王石如是说 [M].北京：中国经济出版社，2009.

13.田涛，吴春波.下一个倒下的会不会是华为 [M].北京：中信出版社，2015.

14.周留征.华为创新 [M].北京：机械工业出版社，2017.

后记

战略管理大师迈克尔·波特曾经说过：21 世纪只有两类企业，一类是国际化的企业，另一类是被淘汰的企业。也许这种说法过于绝对，但国际化将成为中国企业发展壮大的必由之路。

毋庸置疑的是，后发经济体在国际化过程中一直以来都面临市场和技术的双重劣势：一方面，由于地缘因素，远离高端用户和主流消费市场；另一方面，由于长期的技术落后和基础设施的不完善，造成了难以逾越的技术差距。在这两种劣势的困境下，很难打破"后来者诅咒"。

后发企业如何实现从技术模仿到技术引领，真正参与到全球竞争、开展全球化经营，实现"全球价值链"的攀升，从"追随者"到"引领者"的转变才是帮助中国企业实现全球崛起的真正关键。

华为国际化不仅是国际市场开拓，更重要的是，通过国际化实现了产业链和价值链的攀升。这种价值提升的路径和经验，正是华为留给中国企业最宝贵的财富。

在《华为之国际化战略》写作过程中，作者查阅、参考了与华为和任正非有关的大量文献和作品，并从中得到了不少启悟，也借鉴了许多非常有价值的观点及案例。但由于资料来源广泛兼时间仓促，部分资料未能（或是正确）注明来源及联系版权拥有者并支付稿酬，希望相关版权拥有者见到本声明后及时与我们联系（zkjhwh2016@163.com），我们都将按国家有关规定向版权拥有者支付稿酬。在此，表示深深地歉意与感谢。

由于写作者水平有限，不足之处在所难免，诚请广大读者指正。同时，在本书的写作过程中，由于资料搜集、查阅、检索与整理的工作量巨大，得到了许多人的热心支持与帮助，在此对他们的辛勤劳动与精益求精的敬业精神表示衷心感谢。